2023年吉林省教育厅课题"乡村教育振兴背景下省内农村中小学创业文化教育的实施路径探究"（编号JJKH20230581SK）研究成果

数字化创业教育：
教育信息化驱动下的创业教育改革与创新

SHUZIHUA CHUANGYE JIAOYU

李春琴　宋铁莉　张新宇◎著

中国纺织出版社有限公司

图书在版编目（CIP）数据

数字化创业教育：教育信息化驱动下的创业教育改革与创新 / 李春琴，宋铁莉，张新宇著 . --北京：中国纺织出版社有限公司，2025.5. -- ISBN 978-7-5229-2657-5

Ⅰ. G40-012

中国国家版本馆 CIP 数据核字第 20253TU850 号

责任编辑：闫　婷　　责任校对：寇晨晨　　责任印制：王艳丽

中国纺织出版社有限公司出版发行
地址：北京市朝阳区百子湾东里 A407 号楼　邮政编码：100124
销售电话：010—67004422　传真：010—87155801
http：//www.c-textilep.com
中国纺织出版社天猫旗舰店
官方微博 http：//weibo.com/2119887771
三河市宏盛印务有限公司印刷　各地新华书店经销
2025 年 5 月第 1 版第 1 次印刷
开本：710×1000　1/16　印张：14.25
字数：178 千字　定价：98.00 元

凡购本书，如有缺页、倒页、脱页，由本社图书营销中心调换

前　　言

随着信息技术的飞速发展，中国迎来了一个全新的数字化时代。在这个时代里，数据成为新的石油，而信息技术则如同高效的引擎，推动着社会各个领域发生深刻的变革。教育领域，作为培养未来社会栋梁的重要基地，自然也不例外。特别是在创业教育这一领域，数字化、信息化的影响愈发凸显，不仅重塑了教育的内容、方法和模式，更深刻地影响着教育的质量和效率。

基于此，著者撰写《数字化创业教育：教育信息化驱动下的创业教育改革与创新》一书，全书在内容安排上共设置六章，分别论述了教育信息化与创业教育的融合、数字化创业教育的理论基础、数字化创业教育的实践探索、教育信息化赋能的创业教育体系变革、教育信息化驱动下的创业教育创新、数字化创业教育的挑战与对策。本书在编写过程中，力求首先做到理论性与实践性兼顾。在参阅大量数字化创业教育方面的资料的基础上，涵盖数字化教育的基本理论，结合国内外数字化创业教育案例，既符合知识的系统性、逻辑性，又具有实用性和指导性。其次做到针对性与可操作性并存。本书主要可用于学校或教育机构培养具有创业意愿的学生，不仅为其提供具有代表性的案例分析，同时将理论知识具体化，从数字化创业教育平台、教育模式与机制、教育资源开发与利用、课程体系、教学手段与方法、质量评价体系等诸多方面进行针对性指导。最后做到可读性与新颖性并存。本书结构清晰分明；内容精炼，新颖全面，针对教育信息化、创业教育融合、数字化创业教育、实践探索、创新教育改革等数字化创业的热点问题进行编写，从理论基础到专业技能再到实践构成全书总的课程体系，紧贴信息化人才培养的能力需求。

本书系2023年吉林省教育厅课题"乡村教育振兴背景下省内农村中小学创业文化教育的实施路径探究"（编号JJKH20230581SK）的研究成果，在撰写过程中得到许多专家学者的指导和帮助，在此表示诚挚谢意。由于学术水平以及客观条件限制，书中所涉及的内容难免有疏漏之处，希望读者能够积极批评指正，以待进一步修改。

著者
2024年6月

目　　录

第一章　教育信息化与创业教育的融合 ……………………………… 1
　　第一节　教育信息化的内涵与特征 …………………………………… 1
　　第二节　创业教育在信息化背景下的变革 …………………………… 15
　　第三节　教育信息化对创业教育的促进作用 ………………………… 26

第二章　数字化创业教育的理论基础 ………………………………… 37
　　第一节　创业教育理论框架 …………………………………………… 37
　　第二节　数字化创业教育的核心理念 ………………………………… 51
　　第三节　数字化创业教育的教学模式与方法 ………………………… 60

第三章　数字化创业教育的实践探索 ………………………………… 73
　　第一节　国内外数字化创业教育案例分析 …………………………… 73
　　第二节　数字化创业教育平台的建设与运营 ………………………… 81
　　第三节　数字化创业教育课程开发与实施 …………………………… 89

第四章　教育信息化赋能创业教育体系变革 ………………………… 96
　　第一节　课程体系重构与优化 ………………………………………… 96
　　第二节　教学方法与手段的创新 ……………………………………… 107
　　第三节　实践教学与产学研结合 ……………………………………… 118

第四节 创业教育质量评价体系构建 …………………………… 127

第五章 教育信息化驱动下的创业教育创新 …………………… 139
第一节 创新理念与创业教育的深度融合 ……………………… 139
第二节 创业教育模式与机制的创新实践 ……………………… 151
第三节 数字化创业教育资源的创新开发与利用 ……………… 156
第四节 创业教育创新成果的评估与推广 ……………………… 170

第六章 数字化创业教育的挑战与对策 ………………………… 185
第一节 数字化创业教育面临的问题与挑战 …………………… 185
第二节 应对数字化创业教育挑战的对策 ……………………… 197
第三节 数字化创业教育的未来展望 …………………………… 209

参考文献 ………………………………………………………………… 216

第一章　教育信息化与创业教育的融合

第一节　教育信息化的内涵与特征

随着信息技术的飞速发展，教育信息化已经成为现代教育领域的核心驱动力，它不仅改变了传统的教学模式，也深刻影响了教育理念、教育资源和教育管理等多个方面。教育信息化是指在教育领域全面深入地运用现代信息技术，促进教育改革与发展的过程。这一过程包括教育观念、教育体制、教育模式、教育内容和方法的全面革新，以及教育资源的优化配置和有效利用。本节将详细探讨教育信息化的内涵与特征，以期更好地理解和推动教育信息化的发展，如图1-1所示。

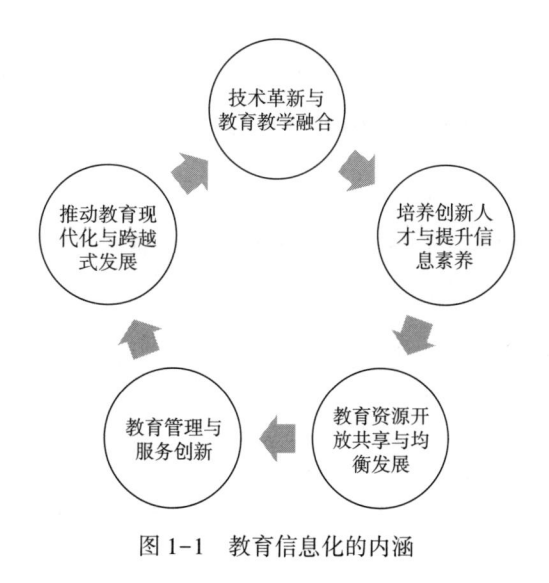

图1-1　教育信息化的内涵

数字化创业教育：教育信息化驱动下的创业教育改革与创新

一、教育信息化的内涵

教育信息化技术革新为教育教学带来了丰富多样的教学资源。传统的教育资源受限于物理空间和时间，而数字化、网络化的教育资源则打破了这种限制，让教师和学生能够随时随地访问和使用。这些资源包括在线课程、数字图书馆、虚拟实验室等❶，它们不仅提供了大量的学习材料，还为学生提供了更加直观、生动的学习体验。通过利用这些资源，教师可以更好地设计教学方案，激发学生的学习兴趣和积极性，提升教学效果❷。

教育信息化技术革新推动了教学模式的创新。传统的"讲授式"教学模式往往注重知识的灌输和记忆，而信息化技术则使得"探究式""协作式"等更加灵活多样的教学模式成为可能。例如，教师可以通过在线平台发布学习任务，引导学生自主探究和解决问题；学生之间可以通过网络协作，共同完成学习项目。这种教学模式更加注重学生的参与和互动，有利于培养学生的创新精神和实践能力。

教育信息化技术革新还实现了教学过程的智能化和个性化。通过利用大数据、人工智能等技术手段，教师可以更加精准地了解学生的学习情况和需求，为每个学生提供个性化的学习方案和教学支持。例如，教师可以通过分析学生的学习数据，发现学生的知识漏洞和学习难点，并针对性地提供学习资源和辅导；学生也可以通过智能学习系统获得适合自己的学习建议和反馈。这种智能化和个性化的教学方式能够更好地满足学生的需求，提升学习效果。

教育信息化技术革新还促进了教育公平的发展和教育质量的提升。通

---

❶ 张静晓、徐琳、余东升：《数字化时代工程教育领域语言景观的嬗变》，《工程管理学报》2023年第4期。

❷ 王峰：《"互联网+"背景下环境艺术设计专业基础绘画课程实践教学改革研究》，《美术教育研究》2021年第4期。

过构建开放的教育平台，实现教育资源的全球共享和协作，让偏远地区和弱势群体也能够享受到优质的教育资源和服务。这有助于打破地域和时间的限制，缩小教育差距，促进教育公平的发展。同时，教育信息化技术革新也推动了教育质量的提升。通过利用信息化技术手段进行教学监控和数据分析，教师可以更加科学地评估教学效果和学生的学习成果，及时调整教学策略和方法，提高教育质量。

教育信息化技术革新与教育教学融合是一个影响广泛且深刻的主题。它要求将信息技术深度融入教育教学的全过程，实现教育资源的数字化、网络化、智能化和个性化[1]，推动教学模式的创新和教育质量的提升。只有这样，才能更好地应对信息时代的挑战和机遇，培养出更多具有创新精神和实践能力的人才。

二、培养创新人才与提升信息素养

（一）教育信息化与创新人才培养

在快速变化的信息化时代，创新已成为国家竞争力的关键要素。教育信息化以其独特的优势，为培养创新人才提供了有力的支持。

教育信息化提供了丰富的创新教育资源。网络化的学习环境、数字化的学习材料、智能化的学习工具等，为学生提供了广阔的探索空间和无限的创新可能。学生可以通过网络获取最新的科研成果、技术动态和行业信息，激发创新灵感和热情。

教育信息化推动了教学模式的创新。传统的"填鸭式"教学已无法满足创新人才培养的需求。教育信息化鼓励教师采用项目式学习、探究式学习等新型教学模式，让学生在实践中发现问题、解决问题，培养创新思维

---

[1] 王安荣：《乡村振兴视域下农村老年教育发展研究》，《山东开放大学学报》2022年第2期。

和解决问题的能力。同时，教育信息化还通过在线协作、虚拟实验等方式，让学生跨越时空限制，与全球范围内的专家学者、同学进行交流和合作，拓宽视野，激发创新潜力。

教育信息化还提供了个性化的学习支持。通过大数据、人工智能等技术手段，教育信息化可以分析学生的学习习惯、兴趣和能力，为每个学生提供量身定制的学习资源和教学方案。这种个性化的学习支持有助于激发学生的主动性和创造性，让他们在适合自己的道路上不断探索和创新。

（二）教育信息化与提升信息素养

信息素养是信息社会公民的基本素质，也是创新人才必备的核心能力之一。教育信息化在提升信息素养方面发挥着至关重要的作用。

教育信息化为学生提供了丰富的信息素养学习资源。网络化的学习环境为学生提供了海量的信息资源和多样化的学习方式。学生可以通过搜索引擎、数字图书馆、在线课程等途径获取各种类型的信息，了解信息的基本概念和原理，掌握信息检索、评价和利用的技能。

教育信息化注重培养学生的信息意识和信息道德。在信息化社会中，信息无处不在、无时不在。学生需要具备良好的信息意识，能够主动识别、获取和利用信息；同时，也需要遵守信息道德，尊重他人的知识产权和隐私权。教育信息化通过课程设置、案例分析等方式，引导学生树立正确的信息观念，提升信息道德水平。

教育信息化还为学生提供了实践信息技能的机会。通过在线协作、虚拟实验、数据分析等活动，学生可以运用所学的信息知识和技能解决实际问题，提升实践能力和综合素质。这些实践机会不仅有助于巩固学生的知识技能，还有助于培养他们的创新思维和团队协作精神。

教育信息化培养创新人才与提升信息素养是一个具有深远意义的教育理念。通过提供丰富的创新教育资源、推动教学模式的创新、提供个性化的学习支持以及注重信息素养的培养和提升,教育信息化为培养创新人才和提升信息素养提供了有力的支持。

三、教育资源开放共享与均衡发展

(一) 教育信息化与教育资源开放共享

教育信息化为教育资源的数字化提供了技术支持。通过数字化技术,传统的教学材料、课程内容、实验数据等都可以被转化为数字格式,存储在网络平台上,供师生随时访问和使用。这种数字化资源的出现,不仅丰富了教学内容,也提高了资源的可获取性和可重用性。

教育信息化促进了教育资源的网络化传播。网络技术的发展使得教育资源可以通过互联网快速传播到各个角落。教育机构、学校、教师可以将自己的教学资源上传到网络平台上,与其他机构、学校、教师共享。同时,学生也可以通过互联网访问这些资源,进行学习和交流。这种网络化传播方式不仅提高了资源的利用率,也促进了教育资源的均衡分布。

教育信息化推动了教育资源的智能化应用。通过大数据、人工智能等先进技术,教育信息化可以分析学生的学习需求和行为习惯,为他们提供个性化的学习资源和支持。这种智能化应用不仅提高了学生的学习效率,也促进了教育资源的个性化匹配和高效利用。

(二) 教育信息化与教育资源均衡发展

教育资源的均衡发展是教育公平的重要体现。教育信息化通过促进教育资源的开放共享,有助于实现教育资源的均衡发展。

教育信息化有助于缩小城乡、区域之间的教育资源差距。在传统教育模式下,城乡、区域之间的教育资源存在较大的差距。教育信息化通过数字化、网络化等方式,可以将优质教育资源输送到偏远地区、农村地区等教育资源相对匮乏的地区,提高这些地区的教育水平。

教育信息化有助于缩小不同学校之间的教育资源差距。在同一地区内，不同学校之间的教育资源也存在差异。教育信息化可以通过网络平台实现学校之间的资源共享和互助合作，提高各个学校的教育水平。同时，教育信息化也可以为薄弱学校提供技术支持和智力支持，帮助他们提高教育质量。

教育信息化有助于缩小不同学生之间的教育资源差距。在传统教育模式下，学生之间的教育资源差异主要体现在家庭经济条件、学习条件等方面。教育信息化可以通过提供个性化的学习资源和支持，帮助不同学生获得适合自己的教育资源和学习机会，实现教育资源的个性化匹配和均衡发展。

教育信息化教育资源开放共享与均衡发展是一个重要的教育理念和实践方向。通过促进教育资源的开放共享和均衡发展，教育信息化有助于实现教育公平和提高教育质量。未来，应该继续加强教育信息化建设，推动教育资源的优化配置和高效利用。

四、教育管理与教育服务创新

（一）教育信息化与教育管理创新

教育信息化有助于实现教育管理的数字化。传统的教育管理往往依赖于纸质文档和人工操作，效率低下且容易出错。而教育信息化通过数字化技术，可以将教育管理过程中的各类信息、数据、文档等转化为电子格式，实现电子化存储、处理和传输。这不仅提高了数据处理的效率，也便于数据的统计、分析和利用，为教育管理决策提供有力支持。

教育信息化有助于实现教育管理的智能化。通过大数据、云计算、人工智能等先进技术，教育信息化可以对教育管理过程中的各类数据进行深度挖掘和分析，发现潜在的问题和规律，为教育管理提供智能化决策支持。同时，教育信息化还可以实现自动化监控和预警，及时发现并解决问题，提高教育管理的及时性和准确性。

教育信息化还有助于实现教育管理的协同化。通过网络平台，教育信息化可以实现不同部门、不同学校、不同人员之间的信息共享和协同工作。这不仅可以减少重复劳动和信息孤岛现象，还可以提高教育管理的协同性和一致性，确保教育政策、措施的有效执行。

(二) 教育信息化与教育服务创新

教育信息化不仅推动了教育管理创新，也促进了教育服务创新。通过应用信息技术手段，教育服务可以更加便捷、高效、个性化，满足学生、教师、家长等不同群体的需求。

教育信息化有助于实现教育服务的网络化。通过网络平台，学生、教师、家长等可以随时随地获取所需的教育资源和服务。例如，学生可以通过在线教育平台进行学习、交流和互动；教师可以通过在线教育平台发布课程、管理学生、开展科研等；家长可以通过在线教育平台了解孩子的学习情况、与教师沟通交流等[1]。这种网络化服务方式不仅提高了服务的便捷性和效率，也增强了服务的灵活性和互动性。

教育信息化有助于实现教育服务的个性化。通过大数据、人工智能等技术手段，教育信息化可以分析学生、教师、家长等不同群体的需求和偏好，为他们提供个性化的教育资源和服务。例如，在线教育平台可以根据学生的学习情况、兴趣爱好等推荐合适的课程和学习资源；学校可以根据教师的专业特长和发展需求提供个性化的培训和发展机会等[2]。这种个性化服务方式不仅可以提高服务的质量和满意度，还可以促进教育资源的优

---

[1] 冯仁晓：《"互联网+"下幼儿家庭教育与传统教育的有效融合》，《当代家庭教育》2023年第15期。
[2] 余成苗：《新媒体在线教育平台在大学思政教育中的应用与探索》，《新闻研究导刊》2023年第9期。

化配置和高效利用❶。

教育信息化有助于实现教育服务的智能化。通过智能设备、虚拟现实（VR）、增强现实（AR）等技术手段，教育信息化可以为学生提供更加生动、直观，互动性强的学习体验。例如，学生可以通过智能设备随时随地进行学习、测试和练习❷；教师可以通过虚拟现实技术模拟真实的教学场景和实验环境；学校可以通过增强现实技术为学生提供更加丰富多彩的校园文化活动等。这种智能化服务方式不仅可以提高学生的学习兴趣和积极性，还可以促进学生的全面发展和个性成长。

五、推动教育现代化与跨越式发展

教育信息化是推动教育现代化、实现教育跨越式发展的必然选择。它不仅能够促进教育思想和观念的转变，推动教育模式的创新，还能够提升教育质量和效益，培养更多的创新人才❸。

在教育现代化方面，教育信息化是教育现代化的重要标志之一。通过运用现代信息技术手段，可以推动教育体制、教育结构、教育内容等方面的改革和创新，实现教育现代化的目标。同时，教育信息化也促进了教育公平和质量的提升，让更多的人享受到优质的教育资源和服务。

在跨越式发展方面，教育信息化为教育的发展提供了强大的动力和支撑。通过技术革新和资源整合，教育信息化可以打破传统教育的局限和束缚，推动教育在更高层次、更宽领域的发展。同时，教育信息化也促进了国际的交流与合作，让中国的教育走向世界舞台并发挥重要作用。

教育信息化的内涵丰富而深远。它不仅是教育领域内的一场技术革

---

❶ 褚建伟：《高职院校院系二级管理问题归因与对策研究》，《中国培训》2019年第8期。
❷ 徐楠：《新媒体环境下在校大学生广告作品著作权保护》，《新闻研究导刊》2019年第7期。
❸ 董鹏、顾亦然：《教育信息化背景下的教师发展路径研究》，《经济研究导刊》2019年第19期。

命，更是教育理念、教学模式、教育资源的全面革新。在未来的发展中，教育信息化将继续发挥重要作用并推动教育的进步和发展。

六、教育信息化的显著特征

（一）教育信息化的数字化特征

教育信息化的数字化特征主要体现在教育资源的数字化、教育过程的数字化以及教育管理的数字化等方面。

教育资源的数字化是教育信息化的基础。传统的教育资源，如教科书、教学用具等，多以纸质或实物形式存在，获取和使用都受到一定限制。而数字化教育资源，如电子教材、在线课程、数字图书等，不仅易于存储、复制和传播，而且能够随时随地进行访问和使用。这使得教育资源的获取更加便捷，同时也为教育资源的共享和更新提供了可能。

教育过程的数字化改变了传统的教学方式。数字化技术使得教学方式更加灵活多样，如在线教学、远程教学、虚拟现实教学等，这些新的教学方式不仅打破了时间和空间的限制，也为学生提供了更加生动、直观的学习体验。同时，数字化技术还使得教学过程中的互动和反馈更加及时和有效，有助于提升学生的学习效果。

教育管理的数字化提高了管理的效率和准确性。通过数字化技术，教育管理者可以实现数据的自动收集、处理和分析，从而更加准确地掌握教育资源的配置、使用情况以及学生的学习进度和成绩等信息。这为教育管理者提供了科学的决策依据，有助于优化教育资源配置，提高教育质量。

（二）教育信息化的网络化特征

教育信息化的网络化特征主要体现在教育资源的网络化、教育服务的网络化以及教育交流的网络化等方面。

教育资源的网络化使得教育资源的获取和共享更加便捷。通过网络平台，教育资源可以迅速传播到世界各地，实现全球范围内的共享。这不仅丰富了教育资源的内容，也为学生提供了更加多样化的学习选择。

教育服务的网络化为学生提供了更加个性化的学习体验。通过网络平台，学生可以根据自己的需求和兴趣选择适合自己的学习资源和服务。同时，网络平台还可以根据学生的学习情况提供个性化的学习建议和反馈，帮助学生更好地掌握知识和技能❶。

教育交流的网络化促进了教育领域的国际交流与合作。通过网络平台，不同国家和地区的教育机构、教师和学生可以进行实时的交流和互动，分享教育经验、教学方法和科研成果等。这不仅有助于促进教育领域的国际交流与合作，也有助于推动教育事业的共同发展。

教育信息化的数字化与网络化特征为教育领域带来了深刻的变革。它们不仅提高了教育资源的获取和使用效率，也丰富了教学方式和手段，使得教育更加灵活多样和个性化。同时，它们还促进了教育领域的国际交流与合作，为教育事业的共同发展注入了新的活力。

（三）教育信息化的智能化特征

教育信息化的智能化特征主要体现在智能技术的广泛应用和智能教育系统的构建上。随着人工智能技术的飞速发展，教育领域开始逐步实现智能化转型。这种转型不仅体现在教育资源的智能化管理和利用上，更体现在教育过程和教育服务的智能化优化。

智能化的教育资源管理：教育信息化通过应用人工智能技术，能够实现对教育资源的智能化分类、整合和推荐；能够根据学生的学习情况和兴趣偏好，智能推荐适合的学习资源，提高资源利用率。

智能化的教学过程：在教育信息化的智能化特征下，教学过程变得更

---

❶ 黄志慧：《大数据分析在评估和改进高中信息技术课程设计与实施中的作用》，《高考》2023年第13期。

加智能化。智能教学系统能够根据学生的学习进度和理解能力，自动调整教学内容和难度，实现个性化教学。同时，智能评估系统能够对学生的学习成果进行实时评估，为教师提供精准的教学反馈，助力教师优化教学策略。

智能化的教育服务：智能化的教育服务主要体现在为学生提供个性化的学习支持和辅导。智能机器人和在线答疑系统能够为学生提供24小时不间断的学习服务，解答学生的疑问，提供学习建议。此外，智能化的学习管理系统还能够帮助学生规划学习路径，制订学习计划，提高学习效率。

(四) 教育信息化的个性化特征

教育信息化的个性化特征主要体现在教育资源的个性化定制、学习方式的个性化选择和教育服务的个性化提供上。

教育资源的个性化定制：在信息化时代，教育资源不再是单一的、固定的，而是可以根据学生的需求和兴趣进行个性化定制。学生可以根据自己的学习目标和兴趣，选择适合自己的学习资源，如电子教材、在线课程、学习软件等。这种个性化的资源定制使得学习更加符合学生的实际需求，提升学习效果。

学习方式的个性化选择：教育信息化的个性化特征还体现在学习方式的个性化选择上。学生可以根据自己的学习习惯和兴趣偏好，选择适合自己的学习方式，如自主学习、协作学习、探究学习等。这种个性化的学习方式选择能够激发学生的学习兴趣和动力，提高学习积极性和自主性。

教育服务的个性化提供：教育信息化的个性化特征还体现在教育服务的个性化提供上。学校和教育机构可以根据学生的实际情况和需求，提供个性化的教育服务，如个性化辅导、职业规划、心理咨询等。这些个性化的服务能够帮助学生更好地发展自己的潜能和特长，实现全面发展。

教育信息化的智能化与个性化特征体现了信息技术在教育领域的深度融合和创新应用。这种融合和应用不仅提高了教育资源的利用效率和教育过程的质量，更满足了学生的个性化需求和发展要求。未来，随着技术的不断进步和教育理念的不断更新，教育信息化将在教育领域发挥更加重要的作用。

（五）教育信息化的开放性特征

教育信息化的开放性特征主要体现在教育资源的开放共享、教育平台的开放接入以及教育理念的开放包容三方面。

教育资源的开放共享：随着互联网的普及和信息技术的发展，教育资源的开放共享成为可能。通过在线教育平台、数字图书馆、开放课程等形式，优质的教育资源得以在全球范围内共享。这不仅打破了地域和时间的限制，使得更多人能够接触到优质的教育资源，也促进了教育资源的优化配置和高效利用。

教育平台的开放接入：教育信息化的开放性还体现在教育平台的开放接入上。各类在线教育平台、学习管理系统、虚拟实验室等，为师生提供了丰富多样的学习工具和平台。这些平台不仅支持多种学习方式和交互模式，还能够根据用户的个性化需求进行定制和优化。同时，开放的教育平台也鼓励了教育创新和技术应用，推动了教育模式的不断变革。

教育理念的开放包容：教育信息化的开放性还体现在教育理念的开放包容上。在信息化时代，教育理念不断更新和发展，出现了许多新的教育思想和理念。这些教育理念强调学生的主体性和创造性，注重培养学生的创新能力和实践能力。同时，开放的教育理念也鼓励师生之间的交流和合作，促进了教育资源的共享和互补。

(六) 教育信息化的协作性特征

教育信息化的协作性特征主要体现在教育过程中的协作学习、教育资源的协作开发以及教育管理的协作优化三方面。

教育过程中的协作学习：在教育信息化的背景下，协作学习成为一种重要的学习方式。通过网络平台、在线工具等，学生可以进行远程协作学习，共同解决问题、完成任务。这种协作学习方式不仅提高了学生的合作能力和沟通能力，也增强了学生的学习兴趣和动力。

教育资源的协作开发：教育信息化的协作性还体现在教育资源的协作开发上。通过开放的教育平台和工具，教师、学生、家长等可以共同参与教育资源的开发和创作。这种协作开发方式不仅丰富了教育资源的内容和形式，也提高了教育资源的质量和实用性。

教育管理的协作优化：在教育信息化的背景下，教育管理也呈现出协作性特征。通过信息技术的应用，教育管理可以实现跨部门、跨领域的协作和优化。例如，学校可以与其他教育机构、政府部门等建立合作关系，共同开展教育项目、共享教育资源等。这种协作优化方式不仅提高了教育管理的效率和质量，也促进了教育事业的全面发展。

教育信息化的开放性与协作性特征是现代教育体系中的重要组成部分。它们不仅为师生提供了更加丰富多样的学习资源和平台，也促进了教育资源的共享和优化配置。同时，开放性和协作性也体现了教育信息化对教育环境、教育资源和教育模式的深远影响。

(七) 教育信息化的创新性特征

教育信息化的创新性特征主要体现在教育理念、教育技术、教育内容和教育模式的创新上。

在教育理念上，教育信息化推动了教育从传统的以教师为中心向以学生为中心的转变，强调学生的主体性和创造性，注重培养学生的批判性思维、创新能力和终身学习能力。这种创新的教育理念促进了教育过程的个性化、多样化和灵活化。

在教育技术上，教育信息化不断引入新的技术手段，如人工智能、大数据、云计算等，这些技术为教育提供了全新的工具和平台，使得教学方式、学习方式和评价方式都发生了深刻的变化。例如，智能教学系统可以根据学生的学习情况提供个性化的学习建议❶，大数据可以分析学生的学习行为和成绩，为教学决策提供科学依据。

在教育内容上，教育信息化推动了课程内容的更新和拓展。通过引入在线课程、数字教材等数字化资源，学生可以接触到更加广泛、丰富的知识。同时，教育信息化也促进了跨学科学习，鼓励学生将不同学科的知识进行整合和应用。

在教育模式上，教育信息化推动了混合式教学、远程教学等新型教学模式的发展。这些模式打破了传统教学的时空限制，使得学习更加灵活、便捷。同时，这些模式也促进了教育资源的全球共享和优化配置。

（八）教育信息化的前瞻性特征

教育信息化的前瞻性特征主要体现在对未来教育发展趋势的预见和引领上。

教育信息化预见了未来社会对人才的需求。随着科技的快速发展和全球化的推进，未来社会需要具备创新能力、批判性思维、团队协作等综合素质的人才。教育信息化通过培养学生的这些能力，可为未来社会输送更多符合需求的人才。

教育信息化引领了教育模式的变革。在信息化时代，教育模式正在从传统的以教师讲授为主向以学生自主学习、合作学习为主转变。教育信息

---

❶ 张武文、关玉蓉：《教育数字化转型背景下高中信息技术课程个性化学习路径探究》，《中国信息技术教育》2023年第14期。

化通过提供丰富的学习资源和工具，促进了这种变革的实现。同时，教育信息化也促进了教育公平的实现，使得更多人能够享受到优质的教育资源。

教育信息化推动了教育体系的重构。随着信息技术的发展和应用，教育体系正在向更加开放、灵活、个性化的方向发展。教育信息化通过引入新的技术手段和理念，推动了这种重构的实现。未来，教育体系将更加注重学生的个体差异和发展需求，提供更加符合学生需求的教育服务。

教育信息化的创新性与前瞻性特征是现代教育领域的重要特征之一。它们不仅体现了现代教育技术的快速发展和应用，也预示着未来教育模式的革新方向。随着信息技术的不断发展和应用，教育信息化将继续发挥重要作用，推动教育事业不断向前发展。

第二节 创业教育在信息化背景下的变革

随着信息技术的迅猛发展和互联网的普及，教育领域正经历着前所未有的变革。创业教育作为培养创新创业人才的重要途径，也在信息化背景下迎来了新的发展机遇与挑战。本节旨在探讨创业教育在信息化背景下的变革，分析其变革的原因、内容以及未来的发展趋势。

一、信息化背景下创业教育变革的原因

（一）社会需求的变化

在当今社会，随着经济的快速发展和科技的日新月异，社会需求正经历着前所未有的变革。这种变革不仅体现在产业结构、就业市场以及经济发展模式上，更深刻地影响着教育领域，尤其是创业教育的发展方向和

模式。

从产业结构的角度来看，传统行业逐渐式微，而新兴产业如信息技术、生物科技、新能源等则迅速崛起。这种变化使得市场对于人才的需求也发生了转变。过去，企业可能更注重员工的技能和专业知识，而现在，他们更看重员工的创新能力、团队协作能力以及跨界融合的能力。这些新的需求使得传统的教育模式显得力不从心，而创业教育因其强调创新、实践和跨界的特点，成为满足这一需求的重要途径。

就业市场的变化对创业教育产生了深远的影响。随着经济的发展和人口的增长，就业市场的竞争日益激烈。传统的就业观念正在被打破，越来越多的人开始选择自主创业作为自己的职业道路。然而，创业并非易事，需要具备丰富的知识、技能和经验。因此，创业教育在传授创业知识、技能和经验的同时，更注重培养学生的创新思维、实践能力以及风险意识，帮助他们更好地适应创业市场的需求。

经济发展模式的转变对创业教育提出了新的要求。过去，我国经济主要依靠投资和出口拉动，而现在正逐渐转向创新驱动的发展模式。这种转变使得创新成为推动经济发展的重要动力。因此，社会对于创新人才的需求也日益增长。创业教育作为培养创新人才的重要途径，必须紧跟这一趋势，注重培养学生的创新精神和创新能力，以满足社会对于创新人才的需求。

具体来说，社会需求的变化对创业教育的影响主要体现在以下几个方面：

一是推动创业教育理念的更新。随着社会的不断发展，人们对于创业教育的认识也在不断深化。越来越多的人开始认识到创业教育的重要性，并希望通过创业教育来培养自己的创新精神和实践能力。这种认识的变化使得创业教育的理念需要不断更新，以适应社会的需求。

二是促进创业教育内容的创新。社会需求的变化使得传统的创业教育内容已经无法满足现代社会的需求。因此，创业教育必须不断更新和优化教学内容，增加与现代社会需求相关的课程和项目，如互联网创业、科技创新等。这些新的内容能够帮助学生更好地了解市场需求和行业动态，提高他们的创业成功率。

三是推动创业教育模式的变革。社会需求的变化也要求创业教育必须改变传统的教育模式，采用更加灵活、多样化的教学方式和手段。例如，可以通过在线学习、远程教育等方式来扩大教学范围和提高教学效率；可以通过项目驱动、案例分析等方式来提高学生的实践能力和解决问题的能力；可以通过校企合作、产学研结合等方式来加强学校与社会的联系和合作。

社会需求的变化对创业教育产生了深远的影响。为了适应这种变化，创业教育必须不断更新理念、创新内容和变革模式，以更好地满足社会的需求并培养出更多具有创新精神和实践能力的优秀人才。

(二) 教育技术的革新

随着信息技术的飞速发展，教育技术也在不断地革新和进步，为教育领域带来了前所未有的变革。在创业教育中，教育技术的革新更是起到了至关重要的作用，它重塑了创业教育的新格局，推动了创业教育向着更加高效、个性化和创新的方向发展。

教育技术的革新首先体现在教学工具和教学平台的创新上。传统的教学工具如黑板、教科书已经逐渐被电子白板、多媒体教学软件、在线学习平台等数字化工具所取代。这些数字化工具不仅提高了信息的传递效率，还使得教学内容更加生动、直观和易于理解。同时，教育技术的革新还推动了教学方法的变革。通过采用案例分析、角色扮演、项目驱动等互动式教学方法，创业教育能够激发学生的学习兴趣和主动性，提高他们的学习效果。

数字化创业教育：教育信息化驱动下的创业教育改革与创新

在创业教育领域，教育技术的革新带来了教学模式的创新。传统的面授教学模式已经无法满足现代学生的学习需求[1]，而在线教育、远程教育和混合式教学等新型教学模式的兴起，使得创业教育能够突破时空限制，实现个性化、差异化的教学。学生可以根据自己的学习进度和兴趣选择适合自己的课程和学习方式，而教师也可以更加灵活地组织教学内容和教学活动。

教育技术的革新带来了教学资源的优化配置。传统的教学资源主要来自教材、课件和案例等有限的资源，而教育技术的革新使得教学资源的获取和利用变得更加便捷和高效。通过互联网和社交媒体等信息化工具，创业教育可以轻松地获取到来自全球各地的优质教学资源，如创业案例、创业经验分享、创业导师指导等。这些资源的获取和利用不仅丰富了教学内容，也提高了教学质量。

教育技术的革新推动了教学资源的共享和协作。通过在线教育平台和社交媒体等工具，创业教育可以实现教学资源的共享和协作，使得不同地区、不同学校、不同专业的学生都能够共享到优质的教学资源。这种共享和协作不仅提高了教学资源的利用效率，也促进了创业教育的发展和创新。

教育技术的革新促进了教育公平和普及。传统的创业教育往往受到地域、经济等因素的限制，使得很多学生无法获得优质的创业教育资源和机会。而教育技术的革新打破了这种限制，使得更多的学生能够接受到优质的创业教育。通过在线教育平台和远程教育等工具，学生可以在家中或其他地方接受到来自全球各地的优质创业教育资源和指导，从而提高了教育的普及率和公平性。

---

[1] 陈睿炜、朱恩旭：《智慧树理念下基于翻转课堂的混合——以〈汽车电工电子技术〉课程为例》，《信息系统工程》2021年第4期。

教育技术的革新为创业教育带来了深刻的影响和变革。它不仅提高了教学效率和质量，优化了教学资源的配置，还促进了教育公平和普及。随着教育技术的不断发展和创新，相信未来的创业教育将会更加高效、个性化、富有创新性。

(三) 教育理念的更新

随着信息技术的迅猛发展，教育领域正经历着一场深刻的变革。在这一变革中，信息化教育理念的更新显得尤为关键。信息化教育理念的更新，不仅是对传统教育模式的挑战，更是对未来教育方向和发展趋势的重新定位。这种更新正在逐步改变教育生态，为培养新时代所需的人才提供强大的支撑。

信息化教育理念的更新，首先体现在对个性化学习的重视上。传统教育模式往往采用"一刀切"的教学方式，难以满足不同学生的学习需求。而信息化教育则通过利用大数据、人工智能等技术手段，实现对学生学习情况的精准分析，为每个学生提供个性化的学习资源和路径。这种个性化学习的方式，能够更好地激发学生的学习兴趣和潜能，提升他们的学习效果。

信息化教育理念的更新还体现在对自主学习和合作学习的倡导上。传统教育模式往往过分强调教师的权威和主导地位，导致学生缺乏自主学习和合作学习的能力。而信息化教育则鼓励学生通过在线学习平台、社交媒体等渠道进行自主学习和合作学习，培养他们的独立思考能力和团队协作能力。这种自主学习和合作学习的方式，能够更好地适应信息化时代对人才的需求。

信息化教育理念的更新还体现在对实践与创新能力的重视上。传统教育模式往往注重知识的传授和记忆，而忽视了学生的实践能力和创新能力。而信息化教育则鼓励学生通过参与项目、实验、竞赛等活动，培养他们的实践能力和创新能力。这种实践与创新能力的培养，能够更好地满足信息化时代对人才的需求。

　　信息化教育理念的更新，对于推动教育变革、提高教育质量、培养新时代所需的人才具有重要意义。首先，它有助于打破传统教育模式的束缚，推动教育模式的创新和发展；其次，它有助于实现教育资源的优化配置和共享，提高教育资源的利用效率；最后，它有助于培养学生的综合素质和创新能力，为他们未来的发展奠定坚实的基础。

　　信息化教育理念的更新是教育变革的重要推动力量。它引领着教育向更加关注人的发展、注重能力培养、强调个性化学习和合作学习的方向发展。这种变革不仅为学生提供了更好的学习和发展机会，也为社会的进步和发展提供了有力的人才支撑。因此，应该积极拥抱信息化教育理念的更新，推动教育的不断发展和进步。

二、信息化背景下创业教育变革的内容

（一）教学内容的创新

　　信息化教学内容的创新，对于提高教育质量、培养创新人才具有重要意义。首先，它能够满足学生对多元化、个性化学习的需求。在信息化时代，学生获取知识的途径更加广泛，对于学习内容的需求也更加多样化。通过创新信息化教学内容，可以提供更加丰富、有趣的学习资源，满足学生的不同需求。其次，它有助于激发学生的学习兴趣和积极性。创新的教学内容能够吸引学生的注意力，提高他们的学习兴趣和积极性，从而更加主动地参与到学习中来。最后，它能够促进教育资源的共享和优化配置。通过信息化手段，可以将优质的教育资源传播到更广泛的地区，实现教育资源的共享和优化配置，提高教育资源的利用效率。

　　数字化教学资源是信息化教学内容创新的重要组成部分。通过引入数字化教学资源，可以为学生提供更加丰富、生动的学习内容。例如，可以

利用多媒体教学资源，将抽象的知识点通过图像、声音、动画等形式呈现给学生，帮助他们更好地理解和掌握知识点❶。此外，还可以利用网络资源，为学生提供更加广泛的学习资源，如在线课程、学习平台等。

个性化教学是信息化教学内容创新的另一重要方向。通过利用大数据、人工智能等技术手段，可以对学生的学习情况进行精准分析，为每个学生提供个性化的学习资源和路径。这种个性化教学的方式，能够更好地满足学生的学习需求，提升他们的学习效果❷。例如，可以根据学生的学习进度和兴趣，为他们推荐适合的学习资源和学习路径，帮助他们更好地完成学习任务❸。

实践环节是信息化教学内容创新的重要组成部分。通过加强实践环节，可以帮助学生更好地将理论知识应用于实践中，提高他们的实践能力和创新能力。例如，可以组织学生进行实验、项目实践等活动，让他们在实践中学习和成长。此外，还可以利用虚拟现实、增强现实等技术手段，为学生提供更加真实的实践环境，帮助他们更好地掌握实践技能。

信息化教学内容创新虽然带来了许多机遇，但也面临着一些挑战。首先，如何确保信息化教学内容的质量和有效性是一个重要问题。在引入数字化教学资源时，需要严格筛选和审核，确保其内容的准确性和可靠性。其次，如何平衡传统教学内容与信息化教学内容的关系也是一个需要解决的问题。在信息化教学内容创新的过程中，需要注重与传统教学内容的结合和融合，实现优势互补。展望未来，随着技术的不断进步和应用的不断深入，信息化教学内容的创新将会越来越广泛和深入，为教育事业的发展

---

❶ 汪文娟：《关于如何使用课本插画开展小学语文教学的思考》，《当代家庭教育》2023 年第 15 期。
❷ 王正青、阿衣布恩·别尔力克：《ChatGPT 升级：GPT-4 应用于未来大学教学的可能价值与陷阱》，《现代远距离教育》2023 年第 3 期。
❸ 徐馨：《基于"三全育人"理念的高职院校网络育人现状及措施》，《就业与保障》2023 年第 7 期。

注入新的活力和动力。

(二) 教学模式的变革

信息化教学模式主要体现在以下几个方面。

教学理念的更新：从传统的"教师中心"转向"学生中心"，注重学生的主体性和自主性。教师不再是知识的唯一传授者，而是学生学习的引导者和合作伙伴。学生也不再是被动接受知识的容器，而是主动探索、积极建构知识的主体。

教学方法的多样化：传统的教学方法以讲授为主，而新的教学模式则更加注重启发式、探究式、讨论式等多种教学方法的应用。这些方法能够激发学生的学习兴趣和主动性，培养他们的创新思维和实践能力。

教学手段的现代化：随着科技的发展，多媒体、网络、虚拟现实等现代化教学手段逐渐普及。这些手段能够为学生提供更加直观、生动、丰富的学习体验，帮助他们更好地理解和掌握知识。

师生角色的转变：在新的教学模式中，教师的角色从知识的传授者转变为学生学习的引导者、促进者和合作伙伴。学生则从被动接受者转变为主动探索者、建构者和创新者。这种角色的转变使得师生关系更加平等、民主和和谐。

学习环境的优化：教学模式的变革还涉及学习环境的优化。通过建设智能化、网络化、个性化的学习环境，为学生提供更加舒适、便捷、高效的学习条件。这种学习环境能够激发学生的学习兴趣和创造力，促进他们的全面发展。

教学模式的变革对于教育的发展具有重要意义。它不仅能够提高教学的效率和质量，还能够培养学生的核心素养和综合能力，为他们未来的发展奠定坚实的基础。同时，教学模式的变革还能够推动教育理念的更新和教学方法的改进，促进教育事业的持续发展和进步。

（三）教学资源的丰富

在当今信息化高速发展的时代背景下，信息化教学资源的丰富已成为推动教育创新、提升教学质量的关键力量。它不仅极大地拓宽了教育的视野，也为学生带来了前所未有的丰富体验，激发了他们的学习活力和创新精神。

信息化教学资源的丰富首先体现在资源类型的多样化上。从传统的文字教材、图片资料，到现代的数字视频、在线课程、虚拟实验室，甚至到虚拟现实、增强现实等前沿技术支撑下的教学资源，都成为教育领域不可或缺的一部分。这些资源不仅涵盖了各个学科领域的知识，也包括了各种类型的教学方法和手段，满足了不同学生的多样化需求。

除了资源类型的多样化，信息化教学资源的丰富还体现在资源内容的丰富性上。这些资源不仅包含了基础知识、专业技能的学习内容，还融入了实践案例、行业前沿、跨学科知识等多种元素。通过整合和优化各种资源，教师可以为学生提供更加丰富、全面、深入的学习体验，帮助他们更好地理解和掌握知识，提升学习效果。

信息化教学资源的丰富还体现在资源获取的便捷性上。借助互联网和移动设备等现代信息技术手段，学生可以随时随地访问各种教学资源，实现自主学习和个性化学习。同时，教师也可以轻松地获取和分享教学资源，实现教学资源的共享和优化配置。这种便捷性不仅提高了学生的学习效率，也促进了教育资源的均衡分配和普及。

信息化教学资源的丰富还促进了资源应用的创新性。教师可以根据教学需求和学生的特点，灵活选择和组合各种教学资源，设计富有创意的教学活动和教学案例。这些创新性的应用不仅可以激发学生的学习兴趣和积极性，还可以培养他们的创新思维和实践能力。同时，通过分享和交流优秀的教学资源应用案例，还可以推动整个教育领域的教学改革和创新。

信息化教学资源的丰富还体现在资源更新的及时性上。随着科技的不断进步和知识的不断更新，新的教学资源不断涌现，为教育领域注入了新的活力。这些新的资源不仅可以帮助教师及时了解和掌握最新的教学理念和教学方法，还可以为学生提供最新、最全面、最深入的学习内容。通过及时更新和优化教学资源，可以保持教育内容的时效性和前瞻性，为培养适应未来社会的人才提供有力支持。

信息化教学资源的丰富对教育产生了深远影响。它改变了传统的教学方式和学习方式，使得教育更加灵活、多样和高效。同时，它也促进了教育资源的均衡分配和普及，使更多的人能够享受到优质的教育资源。此外，信息化教学资源的丰富还激发了学生的学习活力和创新精神，为他们未来的发展奠定了坚实的基础。

信息化教学资源的丰富为教育领域带来了前所未有的机遇和挑战。应该充分利用这些资源，推动教育创新和发展，为培养更多具有创新精神和实践能力的人才做出更大的贡献。

（四）教学评价的多元化

信息化教学评价打破了传统单一的评价方式，引入了多种评价工具和方法。除了传统的纸笔测试，现在的教学评价还涵盖了在线测试、项目评估、作品集评价、口头报告等多种形式。这些评价方式能够更加全面、客观地反映学生的学习成果和能力表现，避免了单一评价方式可能带来的片面性和局限性。

信息化教学评价不仅关注学生的知识掌握情况，还重视学生的能力发展、情感态度和价值观的培养。在评价内容上，除了考查学生的基础知识、基本技能外，还注重评价学生的创新、实践、团队协作等多方面的能力。同时，信息化教学评价还关注学生的情感态度和价值观，关注学生的学习过程和体验，体现了对学生全面发展的关注。

信息化教学评价打破了传统的教师单一评价模式，引入了学生自评、互评，以及家长、社会等多元评价主体。学生自评和互评能够帮助学生更好地认识自己、发现不足，激发学习的主动性和积极性。家长和社会的参与则能够为学生提供更加全面、客观的评价，促进学校与家庭、社会的紧密联系和合作。

信息化教学评价充分利用了大数据、云计算等现代信息技术手段，实现了评价数据的多元化和智能化处理。通过对学生的学习行为、学习成果等数据的收集和分析，可以更加精准地了解学生的学习情况和能力水平，为教学决策提供科学依据。同时，这些评价数据还可以用于个性化学习推荐和教学资源优化等方面，提高教学的针对性和有效性。

信息化教学评价的结果不再是简单的分数或等级，而是包含了更多元、更丰富的信息。评价结果不仅包括学生的知识掌握情况、能力发展水平等定量数据，还包括学生的学习过程、情感态度、价值观等定性描述。这些多元化的评价结果能够更加全面、准确地反映学生的学习情况和发展潜力，为教学改进和学生发展提供更加科学的指导。

信息化教学评价的多元化对教育产生了深远的影响。它促进了教育评价理念的更新和方法的创新，推动了教育评价实践的发展和完善。同时，它也提高了教育的个性化和有效性，促进了学生的全面发展和个性化成长。在未来，信息化教学评价的多元化将继续发挥重要作用，为构建高质量教育体系提供有力支持。

信息化背景下创业教育的变革是必然趋势。通过教学内容的创新、教学模式的变革、教学资源的丰富和教学评价的多元化等手段，可以推动创业教育的持续发展并培养更多具备创新精神和实践能力的优秀人才。同时，也需要关注智能化教学、跨界融合和国际化发展等未来发展趋势，为创业教育的未来发展提供有力的支持。

第三节　教育信息化对创业教育的促进作用

随着信息技术的迅猛发展和全球化趋势的加强，教育信息化已成为推动教育现代化、提高教育质量的重要手段。创业教育作为培养创新型人才、促进经济社会发展的重要途径，同样需要借助教育信息化的力量来深化教学改革、提升教学效果。本节旨在探讨教育信息化对创业教育的促进作用，以期为创业教育的创新发展提供理论支持和实践指导。

一、教育信息化概述

教育信息化是指在教育领域全面深入地运用现代信息技术，通过推动教育信息资源的数字化、网络化、智能化和多媒体化，进而实现教育现代化的过程。这一过程涉及教学内容的数字化、教学过程的优化、教学管理的自动化以及教育资源的共享等多个方面，是当今教育改革与发展的重要趋势。

教育信息化不仅仅是简单地将信息技术引入教育领域，更是要引起教育内容、教育方法以及教育观念的深刻变革。通过信息化手段，可以将传统的教学方式和教育资源进行数字化高清重现，使得教学更加生动、形象，提高学生的学习兴趣和效率。同时，教育信息化还能突破时间和空间的限制，实现远程教育和在线学习，让更多的人接受优质的教育资源。

在教育信息化的进程中，数字化教学资源是核心。通过将教材、教案、课件等教学资源进行数字化处理，不仅方便了教师的备课和教学，也为学生提供了更加丰富多样的学习材料。此外，网络技术的应用也使得教学资源可以实现跨地域、跨时间的共享，极大地丰富了教育的内涵和外延。

教育信息化还推动了教学方式的革新。传统的以教师为中心的教学方式正在逐步向以学生为中心的教学方式转变。通过利用信息技术，教师可以创设更加真实、生动的教学情境，引导学生进行探究式学习、合作学习等新型学习方式，从而提高学生的自主学习能力，增强创新精神。

除了教学内容和教学方式的变革，教育信息化还对教学管理产生了深远影响。通过信息化管理系统，学校可以更加便捷地进行学生信息管理、课程安排、考试评估等各项工作，提高了管理效率，也为学生提供了更加个性化的学习服务。

教育信息化还促进了教育公平。在传统的教育模式下，优质的教育资源往往集中在少数地区或学校，而教育信息化则可以通过网络将这些资源传播到更广泛的地区，让更多的人享受到优质的教育。这不仅有助于缩小地区之间的教育差距，也为个人提供了更多的学习机会和选择。

教育信息化也面临着一些挑战和问题。例如，如何确保数字化教学资源的质量和安全性，如何提升教师的信息素养和技术应用能力，如何平衡技术与教育教学的关系等。这些问题需要不断探索和实践，以找到最佳的解决方案。

教育信息化还在推动教育国际化方面发挥着重要作用。通过互联网和多媒体技术，学生可以轻松地获取世界各地的教育资源，与国际同行进行交流和合作，从而拓宽国际视野，提高跨文化交际能力。

教育信息化是推动教育现代化的重要手段之一，它不仅改变了传统的教学方式和学习方式，还为教育的普及和提高提供了新的可能。在未来，随着信息技术的不断发展和创新，教育信息化将会在教育领域发挥更加重要的作用，为培养更多具有创新精神和实践能力的人才做出更大的贡献。

我们应该积极拥抱教育信息化这一历史潮流，不断探索和实践新的教育模式和方法，为构建更加公平、优质、高效的教育体系贡献力量。同时，也要警惕信息化带来的负面影响，如网络沉迷、信息泄露等问题，确保教育信息化健康、可持续地发展。

二、教育信息化对创业教育的影响

（一）拓展创业教育的教学资源

随着信息技术的飞速发展，教育信息化已成为推动教育现代化的重要力量[1]。在创业教育领域，教育信息化不仅为传统的教学模式带来了革新，更为教学资源的拓展提供了广阔的空间和可能。

在传统教学模式下，创业教育的教学资源往往受限于地域、时间和物理空间，难以实现广泛的传播和共享。然而，教育信息化通过数字化技术，将传统的教学资源进行数字化处理，使其能够在网络上进行存储、传输和访问。这不仅打破了地域和时间的限制，还使得创业教育的教学资源能够轻松地实现跨学校、跨地区甚至跨国界的共享。

教育信息化为创业教育提供了丰富多样的教学内容。通过引入多媒体、虚拟现实、增强现实等先进技术，可以创建出更加生动、直观的教学场景，让学生更加深入地了解创业过程和市场环境。同时，教育信息化还可以将创业案例、创业经验等实时更新到教学资源库中，满足学生对最新、最实用的创业知识的需求。这种多元化的教学内容不仅丰富了学生的知识体系，也激发了他们的学习兴趣和热情。

教育信息化通过引入在线教育、远程教育等新型教学方式，为创业教育提供了更加灵活、便捷的教学途径。学生可以根据自己的时间和兴趣选择适合自己的学习方式，随时随地进行学习。同时，教育信息化还可以利

---

[1] 薛梅、王彤梅：《浅析高校教师提升信息化教学能力的策略》，《山西广播电视大学学报》2022年第3期。

用大数据、人工智能等技术手段对学生的学习情况进行分析和评估，为教师提供更加精准的教学建议和指导。这种个性化的教学方式不仅提高了学生的学习效率，也增强了他们的自主学习能力。

创业教育注重实践性和应用性，需要学生具备实际操作能力和实践经验。教育信息化通过建设虚拟实验室、创业模拟平台等实践教学环境，为学生提供了更加真实、生动的创业实践机会。在这些平台上，学生可以模拟真实的创业流程和市场环境，进行创业策划、市场调研、产品设计等实践活动。这种实践教学方式不仅提升了学生的实践能力，也能让他们更加深入地了解创业过程和市场环境。

教育信息化促进了国际的教育交流与合作。通过在线教育平台和国际合作项目，学生可以接触到不同国家和地区的创业教育资源和经验，了解不同文化背景下的创业理念和实践方式。这种国际化的教育方式不仅拓宽了学生的视野，也增强了他们的跨文化沟通能力和国际竞争力。同时，国际合作与交流还可以促进不同国家和地区之间的教育资源共享和优势互补，推动全球创业教育的共同发展。

教育信息化为拓展创业教育的教学资源提供了重要支持。通过数字化、网络化、智能化等技术手段的应用，可以打破传统界限、丰富教学内容、优化教学方式、加强实践教学并促进国际合作与交流。这些都将有助于提升创业教育的质量和效果，培养更多具有创新精神和实践能力的创业人才。

（二）创新创业教育的教学方式

随着信息技术的迅猛发展和教育理念的更新，教育信息化已成为推动教育领域改革的重要力量。特别是在创新创业教育领域，教育信息化的应用不仅极大地丰富了教学方式，更为创新创业教育的实施提供了强有力的支撑。

在传统的教学模式中，教学资源往往局限于教材、课堂和少量的实践机会。随着教育信息化的推进，教学资源得到了极大的拓展。首先，教育信息化通过数字化和网络化手段，将海量的教学资源整合在一起，形成了丰富多样的在线资源库。这些资源涵盖了创新创业的理论知识、案例分析、实践技能等各个方面，为学生提供了广阔的学习空间。其次，教育信息化还利用虚拟现实、增强现实等先进技术，模拟真实的创业场景，让学生在虚拟环境中进行实践操作，提高了学习的趣味性和实用性。此外，教育信息化还通过社交媒体、在线论坛等平台，促进了学生之间的交流和互动，使他们能够共享经验和资源，共同成长。

传统的创新创业教育往往采用一刀切的教学方式，忽视了学生的个体差异和兴趣需求。而教育信息化则通过大数据、人工智能等技术手段，实现了对学生的精准分析和个性化教学。首先，教育信息化可以收集学生的学习数据，分析他们的学习习惯、兴趣偏好和知识水平，为每个学生制订个性化的学习计划和教学方案。这样，学生可以根据自己的实际情况进行有针对性的学习，提高了学习的效率和质量。其次，教育信息化还可以根据学生的学习进度和反馈情况，及时调整教学策略和教学内容，确保每个学生都能够得到充分的关注和支持。最后，教育信息化还提供了多样化的学习路径和选择空间，使学生能够根据自己的兴趣和特长进行探索和发展。

创新创业教育注重实践性和应用性，需要学生具备实际操作能力和实践经验。教育信息化通过虚拟实验室、创业模拟平台等实践教学环境，为学生提供了更加真实、生动的实践机会。首先，虚拟实验室可以模拟各种实验环境和操作过程，让学生在没有实际设备的情况下进行实验操作。这样不仅可以降低实验成本和风险，还可以提高实验的灵活性和可重复性。其次，创业模拟平台可以模拟真实的创业场景和市场环境，让学生在虚拟环境中进行创业策划、市场调研、产品设计等实践活动。这些平台提供了丰富的案例和数据分析工具,帮助学生更好地理解创业过程和市场规律。通过实践教学,学生可以积累实践经验、提高操作能力,并为将来的创业实践打下坚实的基础。

创新创业教育需要培养学生的团队协作能力和沟通能力。教育信息化通过在线课堂、网络讨论区等互动平台,加强了师生之间、学生之间的交流和合作。首先,在线课堂可以突破时间和空间的限制,使师生之间进行实时互动和交流。教师可以通过在线课堂发布教学任务、解答学生疑问、组织小组讨论等,提高学生的学习兴趣和参与度。其次,网络讨论区可以为学生提供一个自由交流、分享经验的空间。学生可以在讨论区中发表自己的观点、提出问题、寻求帮助等,与其他同学进行互动和合作。这种互动性和合作性的学习方式不仅可以提升学生的学习效果,还可以培养他们的团队协作能力和沟通能力。

在全球化的背景下,创新创业教育需要培养学生的国际视野和跨文化沟通能力。教育信息化通过在线教育平台和国际合作项目,促进了创新创业教育的国际化发展。首先,在线教育平台可以让学生接触到来自不同国家和地区的优质教育资源和课程,了解不同文化背景下的创业理念和实践方式。这种国际化的教育方式可以拓宽学生的视野和思路,提高他们的跨文化沟通能力。其次,国际合作项目可以让学生有机会参与跨国界的创业实践和竞赛活动,与来自不同国家和地区的同学一起合作和交流。这种跨国界的合作和交流不仅可以增强学生的团队协作能力,还可以培养他们的国际竞争力和全球意识。

综上所述,教育信息化对创新创业教育的教学方式产生了深远的影响。在提供多样化的教学资源、实现个性化教学、加强实践教学、促进互动性和合作性以及推动国际化发展等方面,教育信息化为创新创业教育的实施提供了强有力的支撑。未来,随着信息技术的不断发展和教育理念的更新，教育信息化将在创新创业教育中发挥更加重要的作用。

（三）增强创业教育的实践环节

在当今社会，创业教育的重要性日益凸显，它不仅培养了学生的创新思维和创业精神，还为他们提供了解决实际问题的能力和经验。然而，创业教育往往面临着理论与实践脱节的挑战，学生难以将所学知识应用于实际情境中。此时，教育信息化的出现为创业教育实践环节的增强提供了有力的支持。

教育信息化通过虚拟现实、增强现实等先进技术，能够模拟出真实的创业环境，为学生提供沉浸式的学习体验。这种模拟环境可以高度还原创业过程中的各种场景，如市场调研、产品开发、团队协作、融资路演等，让学生在没有实际风险的情况下进行实践操作。通过这种方式，学生可以在模拟环境中反复试错、积累经验，从而更好地理解创业流程和市场规律。

教育信息化还提供了丰富的在线实践平台，如创业模拟软件、在线创业社区等，为学生提供了更多的实践机会。这些平台不仅提供了丰富的创业案例和数据分析工具，还为学生提供了与其他创业者、投资者、专家等交流互动的机会。学生可以在这些平台上进行创业项目的策划、实施和评估，与同行进行经验分享和合作，从而拓宽自己的实践渠道和视野。

教育信息化还能够通过大数据、人工智能等技术手段，对学生的实践过程进行实时跟踪和评估。系统可以收集学生的学习数据和实践成果，分析他们的学习状态和实践效果，并给出相应的反馈和指导。这种实时反馈不仅可以帮助学生及时发现问题、调整策略，还可以激发他们的学习动力和自信心。同时，教师也可以通过系统数据了解学生的学习情况和实践效果，为他们提供更加精准的教学指导和支持。

教育信息化还能够促进校企之间的合作与交流，为学生提供更多的实践机会。通过在线教育平台和国际合作项目等方式，学校可以与企业建立紧密的合作关系，共同开展创业教育和实践活动。企业可以为学生提供实习、实训、项目合作等机会，让他们在实践中积累经验和技能；学校也可以为企业提供人才培养、技术支持等方面的服务，实现双方的互利共赢。这种校企合作模式不仅可以增强学生的实践能力，还可以为他们未来的职业发展打下坚实的基础。

教育信息化在增强创业教育实践环节的同时，还能够培养学生的创新思维、激发创业精神。通过模拟真实创业环境、提供沉浸式学习体验、拓宽实践渠道等方式，学生可以更加深入地了解创业过程和市场规律，激发他们的创新意识和创业激情。同时，教育信息化还能够为学生提供多元化的学习资源和交流机会，培养他们的团队协作能力和沟通能力，为他们未来的创业之路打下坚实的基础❶。

（四）促进创业教育的个性化发展

随着信息技术的飞速发展，教育信息化已经成为推动教育领域变革的重要力量。特别是在创业教育领域，教育信息化以其独特的方式促进了教育的个性化发展，为学生提供了更为丰富、多样化和个性化的学习体验。

教育信息化通过大数据技术的应用，能够精准地收集和分析学生的学习数据，从而深入了解每个学生的学习习惯、兴趣爱好、能力特长以及发展需求。这种基于数据的个性化分析，使得创业教育能够针对每个学生的独特需求，提供定制化的学习资源和教学方案。学生可以根据自己的兴趣和发展方向，选择适合自己的课程、项目和实践机会，从而在创业教育的道路上实现个性化发展。

教育信息化利用先进的技术手段，如人工智能、虚拟现实等，为创业

---

❶ 刘静波：《"互联网+"背景下大学生创新创业能力培养策略研究》，《四川劳动保障》2023年第4期。

教育提供了更为丰富和灵活的教学方式。这些技术能够打破传统课堂的限制，为学生打造个性化的学习路径。学生可以根据自己的学习进度和能力水平，自由选择学习内容和方式，随时随地进行学习。同时，这些技术还能够提供智能化的学习支持和反馈，帮助学生及时发现问题、调整学习策略，提升学习效果。

教育信息化通过构建在线教育平台、开放课程等方式，实现了优质教育资源的共享和流通。这些平台汇聚了来自世界各地的优质课程、项目和实践机会，为学生提供了更为广阔的个性化发展空间。学生可以根据自己的兴趣和需求，选择适合自己的课程和项目，与来自不同背景、不同领域的专家和同学进行交流和合作。这种跨界的交流和合作，不仅能够拓宽学生的视野和思维，还能够激发他们的创新精神和创业激情。

教育信息化为创业教育提供了更为便捷的师生交流平台。通过在线教育平台，学生可以随时与导师进行交流和互动，获得个性化的指导和支持。导师可以根据学生的需求和兴趣，为他们量身定制学习计划和项目方案，提供有针对性的指导和建议。同时，导师还可以利用自己的经验和资源，为学生提供实践机会和创业支持，帮助他们更好地实现个性化发展。

创业教育强调实践性和应用性，需要学生具备实际操作能力和实践经验。教育信息化通过构建虚拟实验室、创业模拟平台等实践教学环境，为学生提供了更为真实、生动的实践机会。这些平台能够模拟真实的创业环境和场景，让学生在实践中体验创业过程、锻炼创业能力。同时，教育信息化还能够将实践过程与理论学习相结合，让学生在实践中发现问题、解决问题、积累经验，从而更好地实现个性化发展。

教育信息化通过数据驱动、技术支撑、资源共享、导师引领和实践驱动等方式，促进了创业教育的个性化发展。这种个性化发展不仅能够满足学生的独特需求和发展方向，还能够激发他们的创新精神和创业激情，为他们未来的创业之路打下坚实的基础。

（五）推动创业教育的国际化发展

随着全球化的加速推进和信息技术的飞速发展，创业教育的国际化已成为培养具有全球视野和跨文化能力的创新型人才的重要途径。教育信息化作为推动教育领域变革的重要力量，其在促进创业教育国际化发展方面发挥着不可或缺的作用。

教育信息化通过构建在线教育平台和国际合作网络，打破了传统教育的地理界限，使得全球范围内的优质教育资源得以共享。在创业教育领域，这种全球资源共享尤为重要。通过在线教育平台，学生可以接触到来自世界各地的创业案例、实践经验和商业模式，了解不同国家和地区的创业文化和市场环境。这种跨文化的交流和学习，有助于培养学生的全球视野和跨文化能力，为他们未来的国际化创业之路奠定坚实基础。

教育信息化为创业教育的国际交流提供了便捷的渠道。通过在线教育平台和国际合作项目，学生可以与来自不同国家和地区的创业者、投资者、专家等进行实时交流和互动。这种交流不仅有助于学生了解不同国家和地区的创业环境和市场机会，还能够为他们拓展合作机会和建立人脉关系。同时，教育信息化还促进了教育机构之间的国际合作与交流，推动了创业教育国际化发展的进程。

教育信息化使得国际先进的创业教育理念和实践经验能够迅速传播到世界各地。通过在线教育平台和国际合作项目，学生可以接触到国际先进的创业教育理念和课程体系，了解最新的创业趋势和前沿技术。同时，教育机构也可以借鉴国际先进的创业教育模式和管理经验，提升本国的创业教育品质。这种国际化的教育理念和实践经验的引入，有助于培养学生的创新思维和创业精神，提高他们的创业成功率。

教育信息化通过打破地理界限、促进国际交流、引入国际先进理念、构建多元化学习体验和提供实践机会等方式，推动了创业教育的国际化发展。这种国际化发展不仅有助于培养学生的全球视野和跨文化能力，还能够提高他们的创业成功率和国际竞争力。

教育信息化对创业教育具有显著的促进作用，可以在拓展教学资源、创新教学方式、增强实践环节、促进个性化发展、推动国际化发展等方面为创业教育提供有力支持。未来随着信息技术的不断发展和应用创新的不断涌现，教育信息化将在创业教育中发挥更加重要的作用。同时也需要认识到教育信息化在推动创业教育发展过程中的挑战和问题，如数据安全和隐私保护、技术更新和维护成本等需要加以完善。因此需要进一步加强教育信息化建设和应用创新，不断推动创业教育的创新和发展，为社会培养更多具有创新精神和实践能力的人才。

第二章 数字化创业教育的理论基础

第一节 创业教育理论框架

随着信息技术的飞速发展,数字化已成为当今时代的重要特征。在这样一个背景下,数字化创业教育应运而生,它不仅为创业者提供了全新的思路和工具,也对传统的创业教育模式提出了新的挑战。本节旨在构建一个全面的数字化创业教育理论框架,为相关领域的研究和实践提供参考。

一、数字化创业教育的概念界定

从教育对象的角度来看,数字化创业教育面向的是具有创业意愿和潜力的学生,无论是大学生、研究生还是其他社会群体中的有志之士,都可以成为数字化创业教育的受众。这些学生或个体,通过接受数字化创业教育,能够掌握数字化时代的创业技能,了解数字化创业的规律和趋势,从而在未来的创业道路上更加从容和自信。

从教育内容和方法的角度来看,数字化创业教育强调的是数字化技术与创业教育的深度融合。这包括利用大数据、云计算、人工智能等先进技术,构建数字化创业教学平台,提供丰富多样的数字化创业课程和实践项目。同时,数字化创业教育还注重教学方法的创新,如采用线上线下相结合的教学模式,引入虚拟现实、增强现实等教学技术,为学生提供沉浸式的创业学习体验。

从教育目标的角度来看，数字化创业教育的目标是培养具备数字化思维和创新能力的创业人才。这些人才不仅需要掌握扎实的创业知识和技能，还需要具备敏锐的市场洞察力、高效的团队协作能力以及良好的心理素质。通过数字化创业教育，学生将能够在数字化时代中快速适应市场需求，实现创业梦想。

从教育环境和社会责任的角度来看，数字化创业教育是在数字化时代背景下应运而生的一种教育模式。它承担着培养创新型人才、推动社会进步的重要使命。因此，数字化创业教育需要与社会各界紧密合作，共同构建良好的教育生态系统，为培养更多优秀的创业人才提供有力支持。

数字化创业教育是一种面向具有创业意愿和潜力的学生，以数字化技术与创业教育深度融合为核心，旨在培养具备数字化思维和创新能力的创业人才的教育模式。它是数字化时代下的重要教育模式之一，对于推动社会进步、促进经济发展具有重要意义。

二、数字化创业教育理论框架的构建

（一）理论基础

1. 创新创业理论

作为当代经济管理学的重要分支，创新创业理论不仅涵盖了创新和创业两个核心要素，更在深度和广度上进行了多维度的拓展和深化。这一理论体系的形成，既是对传统创业理论的继承，也是对新经济时代挑战的积极回应。

从创新的角度来看，创新创业理论强调创新在创业过程中的核心地位。这里的创新不仅指技术创新，更包括商业模式创新、管理创新、服务创新等多方面的内容。在数字化时代，技术创新为创业提供了强大的驱动力，而商业模式创新、管理创新等则能够确保创业企业在激烈的市场竞争中保持竞争优势。

从创业的角度来看，创新创业理论注重创业精神的培养和创业实践的推进。创业精神是创业者内在的动力源泉，它包括对未知领域的探索精神、对风险的承受能力以及对成功的渴望。而创业实践则是将创业精神转化为实际成果的关键环节，通过实践，创业者能够不断积累经验和资源、优化创业方案、提高创业成功率。

创新创业理论还强调创新与创业的互动关系。创新是创业的基础和动力，创业则是创新的实现途径和载体。在创新创业过程中，二者相互依存、相互促进，共同推动创业企业的成长和发展。同时，创新创业理论也关注创新创业的社会影响和价值创造，强调创新创业在推动社会进步、促进经济发展等方面的积极作用。

在具体应用方面，创新创业理论为创业者提供了丰富的理论指导和实践策略。例如，在技术创新方面，创新创业理论强调以市场需求为导向，注重技术成果的转化和应用；在商业模式创新方面，创新创业理论关注价值创造和价值传递的过程，强调通过创新商业模式实现企业的差异化竞争；在管理创新方面，创新创业理论注重构建高效的创业团队和灵活的管理机制，以适应快速变化的市场环境。

创新创业理论是一个多维度、多层次的理论体系，它涵盖了创新、创业以及二者之间的互动关系等多个方面。通过深入研究和应用创新创业理论，可以更好地理解创业的本质和规律，为创业者提供有效的指导和支持，推动创新创业活动的蓬勃发展。

2. 数字化教育理论

作为现代教育理论的重要分支，其核心理念是利用现代数字技术，如计算机技术、网络技术、大数据、人工智能等，来改造和优化教育过程，从而提高教育效率和质量。这一理论不仅涵盖了教学资源的数字化、教学方法的数字化，还涉及教育管理的数字化等多个方面。

数字化教育理论强调教学资源的数字化。这包括将传统的纸质教材、课件、图书等转化为数字格式，如电子书、在线课程、教学视频等，使其可以在数字平台上进行访问和使用。数字化的教学资源不仅方便了师生的获取和使用，还可以实现资源的实时更新和共享，从而提高教育资源的利用率和有效性。

数字化教育理论注重教学方法的数字化。这包括利用多媒体技术、虚拟现实技术、在线互动平台等现代数字技术，来创新教学方式和手段。例如，通过在线直播、视频教学、虚拟实验等方式，可以实现远程教学和互动学习，突破传统教育的时空限制，使教育更加灵活和便捷。同时，数字化教学还可以利用大数据、人工智能等技术，对学生的学习过程进行精准分析和评估，为教师提供有个性化的教学指导和建议。

数字化教育理论还关注教育管理的数字化。这包括利用信息技术手段，对教育过程进行全面、系统、高效的管理和监控。例如，通过学生信息管理系统、课程管理系统、考试评估系统等数字化工具，可以实现对学生信息的快速录入、查询、统计和分析，对课程进行科学的安排和调度，对考试进行自动化的评分和反馈。这些数字化工具不仅可以提高教育管理的效率和质量，还可以为教育决策提供科学的数据支持。

数字化教育理论的意义在于，它利用现代数字技术来改造和优化教育过程，使教育更加符合数字化时代的特征和需求。通过数字化教育，可以实现教育资源的全球共享和快速更新，为学生提供更加丰富、多元、个性化的学习体验；同时，还可以利用数字技术来精准评估学生的学习情况，为教师提供有个性化的教学指导；此外，数字化教育还可以促进教育公平，让更多的人享受到优质的教育资源。

总之，数字化教育理论是一个全面、系统、深入的理论体系，它涵盖了教学资源的数字化、教学方法的数字化以及教育管理的数字化等多个方面。通过深入研究和应用数字化教育理论，可以推动教育领域的数字化变革，提高教育效率和质量，为培养更多的优秀人才作出贡献。

（二）教育目标

数字化创业教育的目标是培养具备数字化思维和技能的创新型创业人才。具体来说，这些人才应该具备以下能力。

1. 数字化思维能力

是指在现代数字化社会中，个体所具备的一种独特且关键的认知能力。这种能力不仅仅局限于对数字技术的理解和应用，更涵盖了在数字化环境中进行问题解决、决策制定和思维创新的能力。

数字化思维能力要求个体具备对数字技术深入理解和应用的能力。随着科技的飞速发展，数字技术已经渗透到生活的方方面面，从智能手机、社交媒体到云计算、大数据分析，每一项技术都在不断地改变着人们的生活方式和工作模式。因此，具备数字化思维能力的个体需要熟练掌握这些技术，并能够将其应用到实际问题中去。

数字化思维能力还强调了在数字化环境中进行问题解决的能力。在数字化时代，人们面临的问题往往更加复杂和多变，需要更加灵活和创新的解决方式。数字化思维能力要求个体能够迅速分析问题的本质，运用数字技术寻找解决方案，并在实践中不断优化和改进。

数字化思维能力还包括了决策制定的能力。在数字化环境中，信息呈现爆炸式增长，如何从中筛选出有价值的信息，并做出正确的决策，成为每一个个体都需要面对的挑战。数字化思维能力要求个体具备强大的信息筛选和整合能力，能够准确判断信息的真伪和价值，并基于这些信息做出明智的决策。

数字化思维能力还涵盖了创新思维的能力。在数字化时代，创新已经成为推动社会进步的重要动力。数字化思维能力要求个体具备创新思维，能够不断探索新的领域、尝试新的方法，并提出具有创新性的解决方案。这种创新思维不仅能够帮助个体在职业生涯中取得更好的成就，还能够推动整个社会的进步和发展。

数字化思维能力是一种在数字化时代中至关重要的认知能力。它要求个体具备对数字技术深入理解和应用的能力、在数字化环境中进行问题解决和决策制定的能力，以及创新思维的能力。通过不断培养和提高数字化思维能力，个体可以更好地适应数字化时代的变化和挑战，实现个人和社会的共同发展。

2. 创业实践能力

数字化创业实践能力首先要求个体对数字技术有深入的了解和掌握，如计算机网络、大数据分析、人工智能、云计算等前沿科技。通过不断学习和实践，个体能将这些技术应用于创业过程中的产品开发、市场推广、客户服务等各个环节。

在数字化时代，创业需要更加灵活和创新的思维。数字化创业实践能力强调了个体具备在数字化环境中发现商机、创新商业模式、优化产品服务的能力。通过运用数字化技术，打破传统思维局限，提出颠覆性的创新想法，并付诸实践。

在数字化创业中，营销和推广的方式发生了巨大变化。数字化创业实践能力要求个体能够熟练运用社交媒体、搜索引擎优化（SEO）、内容营销等数字化营销手段，提高品牌知名度和产品曝光率，吸引潜在客户，促进销售增长。

在数字化时代，数据成为重要的决策依据。数字化创业实践能力要求个体能够运用大数据分析工具，收集、整理和分析市场数据、用户数据等，从中提取有价值的信息，为企业的战略决策、产品优化等提供有力支持。

数字化创业往往需要跨领域、跨地域的团队协作。数字化创业实践能力要求个体能够熟练运用各种在线协作工具，如远程会议、项目管理软件等，实现高效的团队协作和沟通。同时，还需要具备良好的跨文化沟通能力，以应对不同文化背景的团队成员。

数字化创业过程中同样面临着各种风险和挑战。数字化创业实践能力要求个体能够运用数字化工具和方法，识别和评估潜在的风险，并制定相应的应对策略。同时，还需要具备快速应对市场变化、调整创业策略的能力。

在数字化创业团队中，领导力同样重要。数字化创业实践能力要求个体能够成为团队的灵魂和核心，通过自身的领导力，带领团队朝着共同的目标前进。这包括设定明确的目标和愿景、制订有效的战略和计划、激励团队成员发挥潜力等。

数字化创业实践能力是一个涵盖了技术掌握与应用、数字化创新思维、数字化营销与推广、数据驱动决策、数字化团队协作与沟通、风险识别与应对以及数字化领导力等多个方面的综合能力。在数字化时代中，这些能力对于成功创业至关重要。

3. 团队协作能力

在数字化时代，创业教育不仅关注个体创业者的创新能力和商业洞察力，更强调团队协作能力的重要性。数字化创业教育团队协作能力，指的是在数字化教育背景下，创业者或团队成员之间通过有效利用数字化工具，共同协作、解决问题、实现目标的能力。这种能力对于创业项目的成功至关重要，它涵盖了多个方面的要素和技能要求。

在数字化创业中，团队成员之间的有效沟通与交流是协作能力的基础。通过电子邮件、即时通信软件、在线协作平台等数字化工具，团队成员可以随时随地分享信息、交流想法，确保信息的及时传递和准确理解。这种数字化的沟通方式不仅提高了沟通效率，还有助于建立更加紧密的团队关系，增强团队凝聚力。

数字化创业教育团队协作能力的另一个重要方面是数字化协作工具的运用。这些工具包括项目管理软件、在线文档编辑器、版本控制系统等，它们能够帮助团队成员更加高效地协作，实现任务的分配、进度的跟踪、文档的共享等。通过数字化协作工具，团队成员可以更加清晰地了解项目的整体进展和各自的任务完成情况，从而更好地协同工作，确保项目的顺利进行。

在数字化创业教育中，团队成员之间的技能和知识共享对于协作能力的提升至关重要。通过在线学习平台、知识库、经验分享会等形式，团队成员可以学习和掌握最新的数字化技能和知识，不断提升自己的专业素养。同时，团队成员也可以将自己的经验和知识分享给其他人，促进团队内部的技能和知识流通，提高整个团队的竞争力。

在数字化创业过程中，团队成员需要面对各种复杂的问题和挑战。数字化创业教育团队协作能力要求团队成员具备在数字化环境下解决问题的能力。这包括运用数字化工具进行问题分析、查找相关资料、制定解决方案等。同时，团队成员还需要具备创新思维和批判性思维能力，能够提出新颖的解决方案并不断优化改进。

在数字化创业团队中，领导力对于团队协作能力的提升起着关键作用。数字化领导力要求领导者具备数字化思维和数字化技能，能够引导团队成员充分利用数字化工具进行协作。同时，领导者还需要具备良好的沟通能力和协调能力，能够激发团队成员的积极性和创造力，促进团队内部的和谐与协作。

在全球化背景下，数字化创业教育团队协作能力还需要考虑跨文化因素。团队成员可能来自不同的国家和地区,具有不同的文化背景和价值观。因此,在协作过程中需要尊重和理解彼此的文化差异,建立跨文化的沟通和协作机制,以确保团队项目的顺利运作和目标的实现。

(三) 教育内容

数字化创业教育的内容应涵盖以下几个方面,以确保其全面性和实用性,从而培养出适应数字化时代需求的创新创业人才。

(1) 基础数字技能教育是数字化创业教育的基石。这包括计算机基础知识、互联网应用技能、数据处理和分析能力等。这些技能是创业者在日常工作中不可或缺的工具,能够帮助他们高效处理信息、管理数据和运用数字化工具进行创新。

(2) 创新思维与创业精神的培养是数字化创业教育的核心。在数字化时代,创新和创业精神是推动社会进步和经济发展的重要动力。因此,教育应着重培养学生的创新思维、创业意识和团队协作能力,激发他们的创造力和创新精神。

(3) 数字化商业模式与营销策略的学习对于创业者来说至关重要。在数字化时代,商业模式和营销策略的变革日新月异。创业者需要了解并掌握数字化营销、电子商务、社交媒体营销等新型营销方式,并能够利用大数据、人工智能等先进技术优化商业模式,提升企业的竞争力和市场影响力。

(4) 法律法规与风险管理的教育也是数字化创业教育不可或缺的一部分。在创业过程中,创业者需要遵守相关的法律法规,避免违法违规行为的发生。同时,他们还需要了解并应对各种风险和挑战,如技术风险、市场风险、财务风险等。因此,教育应包含相关法律法规的介绍和风险管理方法的培训,帮助创业者建立风险意识并提升应对能力。

(5) 实践项目与案例分析是数字化创业教育的重要组成部分。通过参与实践项目和案例分析，学生可以将所学知识应用于实际情境中，锻炼他们的实际操作能力和解决问题的能力[1]。同时，实践项目和案例分析还能为学生积累宝贵的经验和人脉资源，为他们的创业之路提供有力支持。

总之，数字化创业教育的内容应涵盖基础数字技能、创新思维与创业精神、数字化商业模式与营销策略、法律法规与风险管理以及实践项目与案例分析等方面。这样的教育内容将有助于学生全面了解数字化创业过程中数字化思维的全貌，培养他们的创新创业能力以适应数字化时代的需求。

（四）教育方法

数字化创业教育应采用多元化的教育方法，以确保教育的全面性和有效性，进而培养出具备数字化时代所需创业素养的人才。以下是几个方面的教育方法。

（1）数字化创业教育首先要进行系统的理论教学，让学生了解数字化创业的基本概念、原理和方法。同时，结合具体的案例分析，让学生深入了解数字化创业的实践应用，将理论知识与实际案例相结合，提升学生的学习效果。

（2）通过项目导向的实践教学，让学生参与到具体的数字化创业项目中，从项目的策划、实施到评估，全程参与并主导。这样的教学方法能够帮助学生将所学知识应用于实际情境中，锻炼他们的实际操作能力和解决问题的能力，同时也能够培养他们的团队合作精神和创新能力。

（3）利用线上学习平台，提供丰富的数字化创业教育资源，如教学视频、课件、在线测试等，让学生随时随地进行学习。同时，组织线下互动活动，如讲座、研讨会、创业沙龙等，让学生有机会与专家、企业家面对

---

[1] 韩建平：《探究生活化教学法在小学道德与法治教学中的应用》，《当代家庭教育》2023年第15期。

面交流，分享经验、拓宽视野。

（4）实行导师制，为学生配备具有丰富经验和专业知识的导师，进行一对一的指导和辅导。同时，鼓励学生组成创业团队，进行团队合作和协作，培养他们的团队精神和协作能力。通过导师制和团队合作，学生可以更好地将所学知识应用于实际创业过程中，提高创业成功率。

（5）建立实践基地和创业孵化平台，为学生提供实践场所和创业支持。在实践基地中，学生可以接触到真实的创业环境，了解创业流程和市场动态。在创业孵化平台中，学生可以获得资金、技术、市场等方面的支持，帮助他们将创业想法转化为实际项目。这样的教学方法能够让学生更好地融入创业生态系统，提高创业实践能力和成功率。

总之，数字化创业教育应采用多元化的教育方法，包括理论教学与案例分析相结合、项目导向的实践教学、线上学习与线下互动相结合、导师制与团队合作以及实践基地与创业孵化等方面。这些教育方法能够帮助学生全面了解数字化创业，培养他们的创新创业能力以适应数字化时代的需求。

（五）教育评价

数字化创业教育的评价应注重过程和结果的评价，以确保教育的有效性和针对性，同时激励学生的全面发展和创新能力。在评价过程中，应采用多元化的评价方式，涵盖以下5个方面。

（1）过程性评价强调对学生学习过程中的表现进行观察和评估[1]。在数字化创业教育中，可以通过观察学生在项目实践、团队合作、案例分析等活动中的表现，评估他们的创新思维、问题解决能力、团队协作能力等。这种评价方式能够及时发现学生在学习过程中的问题和不足，提供及

---

[1] 张泽龙：《基于STEM理念的高中数学教学实践探究》，《高考》2022年第33期。

时的反馈和指导，帮助他们改进和提高。

（2）结果性评价主要关注学生的学习成果和创业实践的成果。在数字化创业教育中，可以通过考查学生的创业计划书、项目报告、商业模型演示等成果，评估他们的创业思维、创业技能以及将知识转化为实际创业行动的能力。这种评价方式能够客观地反映学生的学习效果和创业实践水平，为他们的创业之路提供有力支持。

（3）自我评价能够帮助学生更好地认识自己的优点和不足，促进他们的自我提升。在数字化创业教育中，可以引导学生对自己的学习过程、创业实践过程进行反思和总结，评价自己的表现和成果。同时，同伴评价也是一种有效的评价方式，通过学生之间的互评，能够促进学生之间的交流和合作，培养他们的团队精神和协作能力。

（4）导师评价和专家评价能够为学生提供更加专业、权威的反馈和指导。在数字化创业教育中，可以邀请具有丰富经验和专业知识的导师和专家对学生的创业计划书、项目报告等成果进行评价，提供针对性的建议和指导。这种评价方式能够帮助学生更加准确地把握市场需求、商业机会等关键因素，提高他们的创业成功率。

（5）实践评价关注学生在实际创业实践中的表现和成果。通过考查学生的创业项目进展、市场反馈、经济效益等指标，评估他们的创业能力和实践成果。同时，创业成果评估也是对学生创业实践成果的全面评价，包括项目的创新性、实用性、市场前景等方面。这种评价方式能够激励学生将所学知识应用于实际创业中，培养他们的创业精神和创新能力。

总之，数字化创业教育的评价应注重过程和结果的评价，采用多元化的评价方式，包括过程性评价、结果性评价、自我评价与同伴评价、导师评价与专家评价以及实践评价与创业成果评估等方面。这些评价方式能够全面、客观地评估学生的学习效果和创业实践水平，为他们的创业之路提供有力支持。

三、数字化创业教育的实施策略

随着信息技术的飞速发展，数字化创业教育已经成为培养新时代创业人才的重要途径。数字化创业教育不仅有助于提高学生的信息素养和创新能力，还能为他们提供更加广阔的学习平台和机会。为了有效实施数字化创业教育，需要制定一系列的实施策略，如图2-1所示。

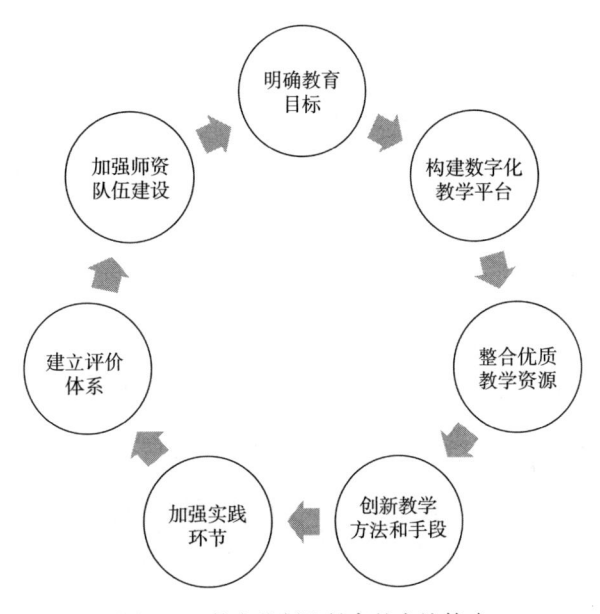

图2-1 数字化创业教育的实施策略

（一）明确教育目标

在实施数字化创业教育之前，首先需要明确教育目标。这包括培养学生的创新思维、创业精神、数字化技能以及团队协作能力等。只有明确了教育目标，才能有针对性地制定教学内容和教学方法，确保教育活动的有效性和针对性。

(二) 构建数字化教学平台

数字化教学平台是实施数字化创业教育的基础。需要构建一个功能完善、易于使用的数字化教学平台，为学生提供丰富的学习资源和互动空间。该平台可以包括在线课程、虚拟实验室、在线交流社区等功能模块，以满足学生多样化的学习需求。同时，还需要确保平台的稳定性和安全性，保障学生的学习体验和信息安全。

(三) 整合优质教学资源

数字化创业教育的实施需要大量的优质教学资源支持。可以通过与高校、企业、行业组织等合作，整合各类教学资源，包括课程教材、案例研究、创业导师等。这些资源可以为学生提供更加全面、深入的学习体验，帮助他们更好地掌握创业知识和技能。同时，还需要不断更新和优化教学资源，确保其与时代发展和行业需求保持同步。

(四) 创新教学方法和手段

数字化创业教育的实施需要创新教学方法和手段。可以采用混合式教学、项目式教学、案例式教学等多种教学方法，结合数字化教学平台的特点和优势，为学生提供更加生动、直观的学习体验。同时，还可以利用虚拟现实、人工智能等先进技术，为学生创造更加逼真的学习场景，激发他们的学习兴趣和创造力。

(五) 加强实践环节

数字化创业教育的实施需要注重实践环节。可以组织学生参与各类创业实践活动，如创业竞赛、创业实习、创业项目等。这些活动可以帮助学生将所学知识应用于实践中，提高他们的创业能力和实践经验。同时，还需要为学生提供创业导师和创业孵化器等支持服务，帮助他们解决创业过程中遇到的各种问题和挑战。

(六) 建立评价体系

数字化创业教育的实施需要建立科学的评价体系。可以采用多元化的评价方式，如作业评价、项目评价、实践评价等，全面评价学生的学习成果和创业能力。同时，还需要建立激励机制，鼓励学生在创业实践中取得优异成绩，提高他们的自信心和创业动力。

(七) 加强师资队伍建设

数字化创业教育的实施需要加强师资队伍建设。需要培养一支具备数字化素养和创业经验的教师队伍，为学生提供更好的教学服务和指导。同时，还需要加强教师培训和交流，提高教师的专业素养和教学能力，确保数字化创业教育的质量和效果。

数字化创业教育的实施需要从多个方面入手，制定科学、有效的实施策略。只有这样，才能培养出更多具备创新思维、创业精神和数字化技能的新时代创业人才，为社会的发展和进步做出更大的贡献。

第二节 数字化创业教育的核心理念

随着信息技术的迅猛发展，数字化已经成为推动社会进步的重要动力。在这一时代背景下，创业教育也迎来了前所未有的机遇与挑战。数字化创业教育，作为传统创业教育与现代信息技术深度融合的产物，其核心理念不仅是培养创业人才，更是推动创新、促进跨界融合、实现个性化发展、强化实践导向和倡导终身学习的集中体现。

一、创新驱动发展的核心理念

在数字化时代，创新已成为推动社会进步和经济发展的重要动力。对于创业教育而言，创新不仅意味着教学方法、课程内容等方面的革新，更包括创业思维、创业模式等方面的创新。通过培养学生的创新精神，激发他们的创业潜能，使他们能够在不断变化的市场环境中找到新的创业机会，实现创业成功。这一核心理念还强调了驱动发展的重要性。驱动发展是指通过创新推动创业教育的发展，使其能够更好地适应数字化时代的需求。在数字化时代，创业教育需要不断更新教学内容、教学方法和教学手段，以满足学生对数字化技能和创业知识的需求。同时，创业教育还需要积极拥抱数字化技术，利用大数据、人工智能等先进技术优化教学过程，提升教学效果。通过创新驱动发展，可以使创业教育更加符合时代发展的需要，为培养新时代的创业者提供有力支持。

数字化创业教育如何实践创新驱动发展的核心理念从以下几个方面来介绍。

1. 创新教学内容

在数字化时代，创业教育需要不断更新教学内容，引入新的创业理念、创业方法和创业案例。通过引入行业前沿知识、技术趋势和商业模式等内容，使学生能够更好地了解市场需求和创业趋势，为未来的创业之路做好准备。

2. 创新教学方法

数字化创业教育需要积极探索新的教学方法和手段，如项目式学习、案例分析、创业模拟等。这些方法可以使学生更加深入地了解创业过程，培养他们的实践能力和创新精神。同时，数字化技术还可以为创业教育提供更加丰富的教学资源和工具，使教学更加生动、直观和高效。

3. 培养创新思维

在数字化创业教育中，培养学生的创新思维至关重要。通过引导学生关注市场需求、技术创新和社会变化等方面的问题，激发他们的创新灵感和创业热情。同时，还可以通过组织创业竞赛、创业实践等活动，为学生提供展示自己创新成果的平台和机会。

4. 推动跨界融合

数字化时代是一个跨界融合的时代，创业教育也需要积极推动跨界融合。通过与不同学科、不同领域的合作与交流，引入新的思想、技术和方法，为创业教育注入新的活力。同时，还可以通过搭建跨界合作平台、组织跨界合作项目等方式，为学生提供更加广阔的创业空间和机会。

数字化创业教育创新驱动发展的核心理念，是适应数字化时代发展的需要、培养新时代创业者的必然选择。通过实践这一理念，可以使创业教育更加符合时代发展的需要，为培养具备创新精神、数字技能和创业能力的新时代创业者提供有力支持。

二、跨界融合共生的核心理念

跨界思维是指能够跨越不同领域、不同学科的界限，将不同领域的知识、技能和方法进行融合，以产生新的创意和解决方案的能力。在数字化时代，跨界思维已成为创业者必备的素质之一。数字化创业教育通过引入跨学科、跨领域的课程和项目，鼓励学生拓宽视野，学习不同领域的知识和技能，培养他们的跨界思维能力。

跨界融合共生的核心理念还体现在对共生关系的强调上。共生关系是指不同领域、不同学科之间在相互依存、相互促进的基础上形成的一种共生共荣的状态。在数字化创业教育中，不同领域、不同学科之间的融合不仅可以产生新的创意和解决方案，还可以推动各个领域的共同发展。数字化创业教育通过搭建跨学科、跨领域的合作平台，促进不同领域、不同学科之间的交流和合作，实现资源共享、优势互补，共同推动创业教育的创新和发展。

数字化创业教育如何实践跨界融合共生的核心理念从以下几个方面来介绍。

1. 构建跨学科课程体系

数字化创业教育应打破传统学科的界限,构建跨学科课程体系。通过引入不同领域、不同学科的课程,使学生能够学习到更广泛的知识和技能,培养他们的跨界思维能力。同时,跨学科课程还可以激发学生的学习兴趣和创造力,为他们提供更多的创业机会和选择。

2. 推动产学研合作

数字化创业教育应积极推动产学研合作,与产业界、科研机构和高校等建立紧密的合作关系。通过产学研合作,可以将产业界的实际需求、科研机构的最新成果和高校的教育资源进行有机结合,共同推动创业教育的创新和发展。同时,产学研合作还可以为学生提供更多的实践机会和创业资源,帮助他们更好地实现创业梦想。

3. 打造多元化师资队伍

数字化创业教育需要打造一支具备跨学科背景、实践经验丰富并具有创新精神的师资队伍。这支队伍应该由来自不同领域、不同学科的专家和学者组成,他们可以将不同领域的知识和技能进行融合,为学生提供更加全面、深入的创业教育。同时,多元化师资队伍还可以激发学生的创新思维和创业热情,帮助他们更好地适应数字化时代的需求。

4. 组织跨学科实践活动

数字化创业教育应组织跨学科实践活动,如创业竞赛、创业营、项目合作等。这些活动可以使学生有机会将不同领域的知识和技能进行融合,培养他们的实践能力和创新精神。同时,跨学科实践活动还可以促进学生的交流和合作,培养他们的团队协作能力和领导力。

数字化创业教育跨界融合共生的核心理念是适应数字化时代发展的需

要、培养新时代创业者的必然选择。通过实践这一理念，可以使创业教育更加符合时代发展的需要，为培养具备跨界思维、创新能力和实践能力的新时代创业者提供有力支持。

三、个性化精准培养的核心理念

个性化精准培养，是指在数字化技术的支持下，对创业者的个性、兴趣、能力、需求等进行深入分析和理解，进而制订针对性的教育方案，实现精准的教育效果。这一理念的核心在于"个性化"和"精准性"，它要求教育者不仅要关注创业者的共性需求，更要关注他们的个性差异，为他们提供量身定制的教育服务。

数字化技术的应用为个性化精准培养提供了强有力的支持。首先，通过大数据技术，教育者可以收集和分析创业者的学习行为、兴趣爱好、能力特长等信息，形成全面、准确的个人画像。其次，利用人工智能技术，教育者可以对创业者的个人画像进行深度挖掘和分析，发现他们的潜在需求和优势领域，为制定个性化的教育方案提供依据。此外，数字化技术还可以为教育者提供多样化的教学手段和工具，如在线课程、虚拟实验室、智能辅导等，使教育更加灵活、高效和个性化。

数字化创业教育如何实践个性化精准培养的核心理念从以下几个方面来介绍。

1. 深入了解创业者需求

教育者应通过与创业者的深入交流、问卷调查、案例分析等方式，了解他们的个性、兴趣、能力、需求等方面的信息，为后续的教育方案设计提供基础。

2. 制订个性化教育方案

在深入了解创业者需求的基础上，教育者应根据创业者的个性差异和潜在需求，制订个性化的教育方案。这些方案应包括课程目标、教学内容、教学方法、评价方式等方面的内容，以确保教育的个性化和有效性。

3. 提供多样化的教学手段

教育者应充分利用数字化技术提供的多样化教学手段和工具，如在线课程、虚拟实验室、智能辅导等，为创业者提供灵活、高效和个性化的学习体验。同时，教育者还应关注创业者的学习进度和反馈情况，及时调整和优化教育方案。

4. 建立有效的反馈机制

教育者应建立有效的反馈机制，及时收集和分析创业者的学习成果和反馈意见，以便对教育方案进行持续改进和优化。同时，教育者还应关注创业者的成长和发展情况，为他们提供持续的支持和帮助。

个性化精准培养的核心理念，不仅有助于提高创业教育的个性化和有效性，还能够更好地满足创业者的个性化需求和发展潜力。通过数字化技术的支持，教育者可以更加深入地了解创业者的特点和需求，为他们提供更加精准、高效的教育服务。这不仅有助于提升创业者的创新创业能力，还能够为社会培养更多具有创新精神和实践能力的人才。同时，个性化精准培养还有助于推动创业教育的创新和发展，为构建创新创业生态系统提供有力支持。

四、实践导向教学的核心理念

数字化创业教育实践导向教学是指在创业教育中，以实践为核心，通过数字化技术的支持，构建一种以实践为导向的教学模式。这种教学模式注重学生的实践参与和实际操作，强调将理论知识与实践经验相结合，以培养学生的创业能力和综合素质为目标。在数字化创业教育实践导向教学中，数字化技术发挥着至关重要的作用。通过数字化平台，学生可以接触到更多的创业资源和案例，了解创业的实际操作和流程。同时，数字化技术还可以提供更加丰富多样的教学手段和方法，如在线模拟、虚拟实践、数据分析等，使教学更加生动、直观和高效。

数字化创业教育如何实践导向教学的核心理念从以下几个方面来介绍。

1. 实践为核心

数字化创业教育实践导向教学的核心理念是以实践为核心。这意味着在创业教育中，实践不仅是教学的重要手段，更是教学的核心目标。通过实践，学生可以深入了解创业的实际操作和流程，掌握创业所需的技能和知识，为未来的创业之路打下坚实的基础。

2. 数字化技术支持

数字化技术在实践导向教学中发挥着至关重要的作用。通过数字化平台，学生可以接触到更多的创业资源和案例，了解创业的前沿动态和趋势。同时，数字化技术还可以提供更加丰富多样的教学手段和方法，使教学更加生动、直观和高效。这种数字化技术支持的教学模式，可以帮助学生更好地理解和掌握创业知识，提升创业能力和综合素质。

3. 理论与实践相结合

数字化创业教育实践导向教学强调将理论知识与实践经验相结合。在教学中，教师不仅要传授创业的理论知识，更要引导学生将理论知识应用于实践中去，通过实践来检验和巩固所学知识。这种理论与实践相结合的教学模式，可以帮助学生更好地理解和掌握创业知识，提升解决实际问题的能力。

4. 学生为主体

数字化创业教育实践导向教学注重学生的主体地位。在教学中，教师要尊重学生的个性差异和兴趣爱好，关注学生的需求和反馈，引导学生积极参与教学实践和创新创业活动。同时，教师还要鼓励学生发挥主观能动性和创新精神，培养学生的自主学习和团队协作能力。这种以学生为主体的教学模式，可以激发学生的学习兴趣和热情，提升学生的学习效果和创业能力。

数字化创业教育实践导向教学的核心理念，强调以实践为核心，利用数字化技术提升教学效果，培养学生的创业能力和综合素质。这种教学模式符合时代发展的需要和人才培养的要求，具有广阔的发展前景和应用价值。在未来的创业教育中，应该积极推广和实践这种教学模式，为培养更多具有创新精神和实践能力的创业人才作出贡献。

五、终身学习与成长的核心理念

终身学习与成长是数字化时代对个人发展的基本要求。在创业领域，这一要求更加凸显。因为创业是一个充满挑战和不确定性的过程，需要创业者具备不断学习和成长的能力，以应对各种挑战和变化。此外，随着技术的不断发展和市场的不断变化，创业者也需要不断更新自己的知识和技能，以保持竞争力和创新力。

数字化创业教育如何实现终身学习与成长的核心理念从以下4个方面来介绍。

1. 持续学习与成长

数字化创业教育终身学习与成长的核心理念强调个人在职业生涯中应持续不断地学习和成长。这包括学习新的知识和技能、了解市场动态和趋势、掌握新的创业方法和策略等。通过持续学习，创业者可以不断提升自己的综合素质和竞争力，为创业成功打下坚实的基础。

2. 数字化技术的应用

在数字化时代，创业教育应充分利用数字化技术来支持学习和成长。

这包括利用在线课程、虚拟实验室、数据分析工具等数字化资源来丰富教学手段和内容；利用社交媒体、在线论坛等数字化平台来交流和分享创业经验和资源；利用人工智能、大数据等数字化技术来优化学习路径和提升学习效果等。通过数字化技术的应用，创业教育可以更加高效、便捷和个性化地支持学生的成长和发展。

3. 实践导向

数字化创业教育终身学习与成长的核心理念强调实践在学习和成长中的重要性。通过实践，学生可以更好地理解和掌握知识和技能，并将其应用于实际创业过程中。同时，实践也可以帮助学生发现自己的不足和潜力，并为其后续的学习和成长提供方向和动力。

4. 自我驱动

在数字化时代，学生需要更加自主地管理和规划自己的学习和成长。这要求学生具备自我驱动的能力，能够主动寻找学习资源和机会，设定学习目标并付诸实践。通过自我驱动的学习，学生可以更好地掌控自己的学习进程和效果，实现终身学习与成长的目标。

数字化创业教育终身学习与成长的核心理念揭示了创业教育的新方向和新要求。在数字化时代，应将创业教育贯穿于个人职业生涯的始终，并充分利用数字化技术来支持学习和成长。同时，也应强调实践的重要性和自我驱动的能力培养，以实现终身学习与成长的目标。

数字化创业教育的核心理念不仅具有理论价值，更具有实践意义。首先，它有助于培养具有创新思维和创新能力的新时代创业者，推动创新创业事业的发展。其次，它有助于促进不同领域之间的跨界融合和创新发展，推动产业升级和经济转型。再次，它有助于实现个性化教育和精准培养的目标，满足不同学生的需求和潜力。最后，它有助于强化实践导向教学和终身学习的理念，提高学生的实践能力和综合素质。数字化创业教育的核心理念是创新驱动发展、跨界融合共生、个性化精准培养、实践导向教学和终身学习与成长。这些理念不仅体现了数字化时代对创业教育的新要求和新挑战,也指明了创业教育的发展方向和路径。在未来的发展中,应该进一步深化对数字化创业教育核心理念的认识和理解,不断推动创业教育的创新和发展。

第三节 数字化创业教育的教学模式与方法

随着信息技术的飞速发展,数字化已经成为推动社会进步的重要力量。在创业教育领域,数字化技术的引入不仅改变了传统的教学方式,也为创业教育的创新与发展提供了新的契机。本节旨在探讨数字化创业教育的教学模式与方法,以期为提高创业教育质量、培养创新型人才提供有益的思考。

一、数字化创业教育的教学模式

(一)线上线下相结合的混合教学模式构成与特点

1. 线上教学部分

线上教学主要利用网络平台和数字资源,为学生提供自主学习、在线讨论、互动答疑等多样化的学习途径。通过视频课程、电子教材、在线测试等方式,学生可以随时随地获取学习资源,并根据自己的学习进度和兴趣进行个性化学习。此外,线上教学还能通过大数据分析等技术手段,对学生的学习行为和效果进行实时监控和评估,为教师提供精准的教学反馈❶。

---

❶ 纪丹:《人工智能视域下终身教育网络"金课"建设》,《电大理工》2023年第2期。

2. 线下教学部分

线下教学主要通过面授课程、实践项目、团队合作等方式进行。在面授课程中，教师可以针对学生的疑问和难点进行深入讲解和互动讨论，帮助学生更好地理解和掌握创业知识和技能。同时，通过实践项目和团队合作，学生可以将所学知识应用于实际问题解决中，提升实践能力和创新精神。

3. 线上线下相结合

混合教学模式的核心在于将线上教学和线下教学相结合，形成优势互补的教学体系。在线上学习中，学生可以通过自主学习和互动讨论来构建知识框架和理论基础；在线下学习中，则可以通过面授课程和实践项目来深化理解和提升能力。这种教学模式能够为学生提供更加全面、深入的学习体验，有助于培养其综合素质和创业能力。

（二）个性化定制的教学模式的核心理念

个性化定制教学模式的核心理念是以学生为中心，尊重每个学生的个体差异和独特需求。在数字化创业教育中，这一理念得到了充分体现。通过收集和分析学生的学习数据、兴趣偏好、职业规划等信息，教师可以深入了解每个学生的特点和需求，进而为其量身定制个性化的学习路径、课程内容和实践机会。这种教学模式不仅有助于激发学生的学习兴趣和积极性，还能有效提升学生的学习效果和满意度。

个性化定制教学模式的实施途径。

1. 数据收集与分析

实施个性化定制教学模式的首要步骤是收集学生的相关数据。这些数据可以包括学生的学习成绩、作业完成情况、在线学习行为等学习数据，以及学生的兴趣偏好、职业规划等个人信息。通过对这些数据的分析，教师可以深入了解每个学生的特点和需求，为后续的教学设计提供依据。

2. 个性化学习路径设计

在了解学生特点和需求的基础上，教师可以为其设计个性化的学习路径。这些学习路径可以根据学生的知识水平、学习能力、兴趣偏好等因素进行定制，包括课程选择、学习进度、学习方式等方面。通过个性化学习路径的设计，学生可以更加自主地选择学习内容和方式，提高学习效率和学习效果。

3. 定制化课程内容开发

除了个性化学习路径设计外，教师还可以根据学生的特点和需求，开发定制化的课程内容。这些课程内容可以针对学生的创业兴趣、职业规划等方面进行深入探讨和实践，提供更加贴近实际、具有针对性的教学内容。通过定制化课程内容的开发，学生可以更加深入地了解创业领域的各个方面，为其未来的创业实践提供有力支持。

4. 智能化学习支持

在个性化定制教学模式中，智能化学习支持也发挥着重要作用。通过引入人工智能技术，教师可以为学生提供智能化的学习建议和反馈。例如，根据学生的在线学习行为和学习成绩，智能系统可以为其推荐适合的学习资源和练习题目；同时，智能系统还可以对学生的学习效果进行实时评估，为教师提供精准的教学反馈。

个性化定制教学模式具有诸多优势，如激发学生的学习兴趣和积极性、提升学习效果和满意度、促进学生的个性化发展等。然而，在实施过程中也面临着一些挑战，如数据收集与分析的准确性和全面性、个性化学习路径设计的科学性和合理性、定制化课程内容开发的难度和成本等。因此，在推广和应用个性化定制教学模式时，需要充分考虑这些挑战并采取相应的措施加以解决。

总之，数字化创业教育个性化定制的教学模式是一种创新的教学方式，有助于实现教育资源的最大化利用和个体发展的最优化。在未来的发展中，需要进一步探索和完善这一教学模式，为培养更多具有创新精神和实践能力的创业人才做出更大的贡献。

（三）项目驱动的教学模式核心理念

数字化创业教育项目驱动的教学模式，以项目为核心，将理论知识与实践技能相结合，通过完成实际项目来驱动学生的学习过程[1]。这种教学模式的核心理念在于，将学生的学习过程与实际工作场景紧密相连，使学生在实践中学习和成长，从而培养其解决问题的能力、团队协作精神和创新创业的能力。

项目驱动教学模式的实施步骤如下。

1. 项目选择与设计

在项目驱动教学模式中，项目的选择与设计是至关重要的一环。教师应根据教学目标和学生特点，选择合适的项目，并设计具有挑战性的任务。项目应具有实际应用价值，能够激发学生的兴趣和动力，同时也要考虑到学生的能力和水平，确保项目的可行性。

2. 组建项目团队

在选定项目后，教师需要帮助学生组建项目团队。团队成员应具有不同的专业背景和技能特长，以便在项目中相互协作、共同完成任务。同时，教师也要对团队成员进行角色分配和职责明确，确保每个成员都能发挥自己的优势和作用。

3. 项目实施与管理

在项目实施过程中，教师应提供必要的指导和支持，帮助学生解决遇到的问题和困难。同时，教师也要对项目的进度和质量进行监控和管理，

---

[1] 曾智良、高玉鸿：《基于实践化知识融合的课程改革研究》，《装备制造技术》2019 年第 2 期。

确保项目能够按时完成并达到预期效果。此外，教师还要鼓励团队成员之间的交流和合作，促进知识共享和思维碰撞。

4. 项目总结与反思

在项目完成后，教师应组织学生进行项目总结和反思。通过回顾项目的实施过程，分析项目的成功经验和不足之处，学生可以更深入地理解创业的本质和挑战，并不断提升自己的创新创业能力。同时，教师也要对项目驱动教学模式的实施效果进行评估和改进，以不断优化教学模式和提高教学质量。

数字化创业教育项目驱动的教学模式具有诸多优势。首先，它能够激发学生的学习兴趣和动力，使学生更加主动地参与到学习中来。其次，它能够培养学生的实践能力和创新精神，使学生在项目中学习和成长。最后，它能够促进学生的团队协作和沟通能力的发展，为学生未来的职业生涯奠定坚实基础。

项目驱动教学模式也面临一些挑战。首先，项目的选择和设计需要教师具备丰富的实践经验和敏锐的市场洞察力。其次，项目的实施和管理需要教师投入大量的时间和精力进行指导和支持。最后，项目驱动教学模式需要学生具备一定的自主学习和团队协作能力，这对于部分学生来说可能存在一定的难度。

数字化创业教育项目驱动的教学模式是一种创新的教学方式，能够培养学生的实践能力和创新精神，提高学生的综合素质和创业能力。在未来的发展中，应进一步探索和完善这一教学模式，为培养更多具有创新精神和实践能力的创业人才做出更大的贡献。

二、数字化创业教育的教学方法

（一）案例教学法

案例教学法是一种以案例为基础，通过引导学生分析、讨论、解决问题的教学方式。在数字化创业教育中，案例教学法注重将创业理论知识与实际操作相结合，通过真实或模拟的创业案例，让学生在实践中学习和掌握创业知识，提升创业能力。这种教学方式强调学生的主体性和实践性，有助于培养学生的创新思维、团队协作和问题解决能力。

1. 数字化创业教育的案例教学法特点

（1）数字化资源丰富。数字化创业教育利用互联网、大数据、人工智能等先进技术，为学生提供了海量的创业案例和学习资源。学生可以通过网络平台，随时随地获取案例，进行自主学习和讨论。同时，教师也可以利用数字化资源，制作多媒体课件、在线测试等工具，提升教学效果。

（2）互动性强。案例教学法注重师生之间的互动和合作。在数字化创业教育中，教师可以通过网络平台，与学生进行实时交流和讨论，引导学生深入分析和解决问题。学生也可以在网络社区、论坛等平台上分享自己的观点和经验，相互学习和启发。

（3）实践性突出。案例教学法强调将理论知识与实际操作相结合。在数字化创业教育中，教师可以通过模拟创业环境、组织创业实践等方式，让学生在实践中学习和掌握创业知识。同时，学生也可以通过参与创业项目、创业比赛等活动，锻炼自己的创业能力，丰富自己的实践经验。

2. 数字化创业教育的案例教学法实施步骤

（1）案例选择。教师应根据教学目标和学生特点，选择具有代表性、真实性和可操作性的创业案例。案例应具有启发性、挑战性和实用性，能够激发学生的兴趣和动力。

（2）案例呈现。教师可以通过多媒体课件、视频等形式，将案例呈现给学生。在呈现过程中，教师应注重案例的背景、问题和解决方案等方面的介绍，引导学生全面了解和掌握案例。

（3）小组讨论。学生可以在教师的指导下，分成小组进行讨论和分析。在小组讨论中,学生应积极参与、互相协作、共同解决问题。同时,教师也应关注每个小组的讨论情况,给予及时的指导和建议。

(4) 总结归纳。在讨论结束后,学生应对案例进行总结和归纳。通过总结归纳,学生可以更深入地理解创业的本质和规律,掌握创业知识和技能。同时,教师也可以根据学生的总结归纳情况,对教学效果进行评估和改进。

数字化创业教育的案例教学法是一种注重实践、强调问题解决能力的教学方法。通过数字化资源的丰富性、互动性强和实践性突出的特点,案例教学法为培养具有创新思维和实践能力的创业人才提供了有效途径。在未来的发展中,应进一步探索和完善数字化创业教育的案例教学法,为培养更多优秀的创业人才做出更大的贡献。

(二) 互动讨论法

互动讨论法强调学生在学习过程中的主体性和参与性,通过小组讨论、角色扮演、案例分析等多种形式,引导学生积极参与到学习中来。在数字化创业教育中,互动讨论法更是得到了广泛的应用和拓展。它不仅能够激发学生的创新思维和创业热情,还能够培养他们的团队协作和沟通能力,为未来的创业之路打下坚实的基础。

1. 数字化创业教育互动讨论法的特点

(1) 实时性与互动性。数字化平台使得师生之间的讨论不再受时间和空间的限制,可以实现实时的互动和交流。学生可以随时提出问题、分享观点,而教师也可以及时给予反馈和指导。这种即时的互动有助于提升学生的参与度和学习效果❶。

(2) 多样性与丰富性。数字化创业教育提供了丰富多样的教学资源和

---

❶ 赵卓、田侃、吴涛:《新一代人工智能技术对博物馆工作的启示与思考》,《博物院》2023年第3期。

学习工具，如在线课程、虚拟实验室、创业模拟软件等。这些资源为互动讨论提供了丰富的素材和背景，使得讨论内容更加生动、有趣。

（3）个性化与差异化。数字化平台可以根据学生的学习情况和兴趣偏好，提供个性化的学习资源和讨论主题。这使得每个学生都能够在互动讨论中找到自己的兴趣点，发挥自己的特长，实现差异化发展。

2. 数字化创业教育互动讨论法的实施策略

（1）明确讨论目标。在实施互动讨论法之前，教师应明确讨论的目标和主题，确保讨论内容与教学目标紧密相关。同时，教师还应提前准备好相关的讨论素材和背景资料，以便引导学生进行深入的思考和讨论。

（2）创设讨论情境。为了激发学生的参与热情，教师可以创设与创业相关的讨论情境。例如，可以模拟一个真实的创业场景，让学生扮演不同的角色，进行角色扮演和讨论。这种情境化的教学方式有助于学生更好地理解创业过程中的问题和挑战。

（3）引导学生参与。在互动讨论中，教师应积极引导学生参与讨论，鼓励他们发表自己的观点和看法。同时，教师还应关注学生的讨论过程，及时给予反馈和指导，帮助他们解决遇到的问题和困难。

（4）总结与反思。在讨论结束后，教师应组织学生进行总结和反思。通过回顾讨论过程，分析讨论中的亮点和不足之处，学生可以更深入地理解创业的本质和规律，提升自己的创业素养和实践能力。同时，教师也可以根据学生的反馈和建议，不断改进和优化互动讨论法的教学策略。

数字化创业教育的互动讨论法是一种创新的教学方式，它充分利用了现代信息技术的优势，为学生提供了更加高效、互动和个性化的学习体验。通过实施互动讨论法，可以有效地激发学生的创新思维和创业热情，培养他们的团队协作和沟通能力，为未来的创业之路打下坚实的基础。在未来的发展中，应进一步探索和完善数字化创业教育的互动讨论法，为培养更多优秀的创业人才作出更大的贡献。

（三）模拟实践法

模拟实践法是一种以学生为中心，通过模拟真实创业环境和情境，让学生在虚拟环境中进行创业实践的教学方法。这种方法的核心意义在于，它能够提供一个低风险、高仿真的实践平台，让学生在没有实际投入资金和资源的情况下，体验创业的全过程，从而加深对创业的理解，提高创业素养和实践能力。

1. 数字化创业教育模拟实践法的特点

（1）高度仿真性。数字化创业教育模拟实践法利用先进的数字化技术，如虚拟现实、增强现实、云计算等，构建一个高度仿真的创业环境。在这个环境中，学生可以模拟从创业项目的选择、市场调研、团队组建、资金筹集、产品开发到市场推广等各个环节，全方位体验创业的全过程。

（2）实时互动性。数字化创业教育模拟实践法注重师生之间的实时互动。教师可以通过数字化平台，随时监控学生的实践过程，给予及时的指导和反馈。同时，学生之间也可以进行实时交流和协作，共同解决问题，提高创业项目的成功率。

（3）个性化学习。数字化创业教育模拟实践法支持个性化学习。学生可以根据自己的兴趣和特长，选择适合自己的创业项目和角色。同时，数字化平台可以根据学生的学习情况和表现，提供个性化的学习资源和建议，帮助学生更好地完成创业实践。

（4）团队协作性。数字化创业教育模拟实践法强调团队协作的重要性。在模拟实践过程中，学生需要组建团队，共同完成创业项目。通过团队协作，学生可以锻炼自己的沟通、协调、领导等能力，为未来的创业之路打下坚实的基础。

第二章 数字化创业教育的理论基础

2. 数字化创业教育模拟实践法的实施步骤

（1）确定实践目标和内容。在实施模拟实践法之前，教师需要明确实践的目标和内容。这包括确定要模拟的创业环境、创业项目、角色分配等。同时，教师还需要制定详细的实践计划和评分标准，确保实践活动的顺利进行。

（2）搭建模拟环境。根据实践目标和内容，教师需要利用数字化技术搭建一个高度仿真的创业环境。这个环境应该包括虚拟的市场、企业、团队等要素，以及相应的软件和工具，支持学生进行创业实践。

（3）组织学生实践。在模拟环境搭建完成后，教师可以组织学生进入实践环节。学生需要按照实践计划和要求，在模拟环境中进行创业实践。教师可以随时监控学生的实践过程，给予必要的指导和反馈。

（4）总结与反思。在实践结束后，教师需要组织学生进行总结和反思。学生需要回顾自己在实践中的表现和经验教训，分析成功和失败的原因，并提出改进的建议。同时，教师也需要对实践活动进行总结和评估，为今后的教学提供参考和借鉴。

数字化创业教育的模拟实践法是一种创新的教学方法，它利用数字化技术构建了一个高度仿真的创业环境，让学生在虚拟环境中进行创业实践。这种方法具有高度的仿真性、实时互动性、个性化学习和团队协作性等特点，能够帮助学生更好地理解和掌握创业知识，提高创业素养和实践能力。在未来的发展中，数字化创业教育的模拟实践法将继续发挥重要作用，为培养更多优秀的创业人才作出更大的贡献。

（四）导师指导法

数字化创业教育的导师指导法，旨在通过导师与学生之间的一对一或小组指导，实现对学生创业实践的全程关注与引导。这种方法不仅注重知识的传授，更强调能力的培养和经验的积累。通过导师的悉心指导，学生可以更加深入地了解创业的本质，掌握创业的核心技能，同时还能够得到实践中的即时反馈，从而不断调整自己的创业方向，提高创业成功率。

1. 数字化创业教育导师指导法的特点

（1）个性化指导。导师指导法强调针对每个学生的特点和需求，提供个性化的指导方案。导师会深入了解学生的背景、兴趣、能力等方面的情况，制定符合学生实际的指导计划，帮助学生更好地实现自我发展。

（2）全程关注。导师指导法强调对学生创业实践的全程关注。从创业项目的选择、市场调研、团队组建、资金筹集、产品开发到市场推广等各个环节，导师都会给予细致的指导和支持，确保学生能够顺利完成创业实践。

（3）实践导向。导师指导法注重实践能力的培养。导师会鼓励学生积极参与创业实践，通过实际操作来加深对创业知识的理解和掌握。同时，导师还会根据学生的实践情况，及时给予反馈和建议，帮助学生不断提高自己的实践能力。

（4）资源整合。导师指导法充分利用数字化技术的优势，整合各种创业资源，为学生提供全方位的支持。导师会帮助学生寻找合适的投资人、合作伙伴、导师等资源，为学生提供更多的创业机会和可能性。

2. 数字化创业教育导师指导法的实施步骤

（1）导师选拔与培训。在实施导师指导法之前，需要选拔一批经验丰富、责任心强的导师。这些导师需要具备深厚的创业背景和实践经验，能够为学生提供专业的指导和支持。同时，还需要让导师进行定期的培训和交流，确保他们能够不断更新自己的知识和技能，为学生提供更好的教学和服务。

（2）学生选拔与匹配。在选拔好导师之后，需要根据学生的需求和特点，为他们匹配合适的导师。这需要考虑学生的专业背景、创业方向、兴趣爱好等方面的情况，确保导师能够为学生提供有针对性的指导。

(3) 制定指导计划。在匹配好导师和学生之后，需要制定详细的指导计划。这包括明确指导目标、内容、时间、方式等方面的要求，确保导师能够按照计划对学生进行全程关注和指导。

(4) 实施指导与反馈。在指导计划制定好之后，就可以开始实施指导了。导师需要按照计划对学生进行指导，并及时给予反馈和建议。同时，学生也需要积极参与实践，不断提高自己的创业能力。在指导过程中，导师还需要根据学生的实际情况，及时调整指导计划，确保学生能够更好地实现自我发展。

数字化创业教育的导师指导法是一种创新的教学方法，它通过导师与学生之间的一对一或小组指导，实现了对学生创业实践的全程关注与引导。这种方法具有个性化指导、全程关注、实践导向和资源整合等特点，能够帮助学生更好地掌握创业知识，提升创业能力，实现创业梦想。在未来的发展中，数字化创业教育的导师指导法将继续发挥重要作用，为培养更多优秀的创业人才做出更大的贡献。

3. 数字化创业教育的实施策略

(1) 加强数字化基础设施建设。数字化创业教育需要完善的数字化基础设施支持。因此，需要加大投入力度，加强数字化基础设施建设，包括建设高速稳定的网络环境、提供丰富的数字化教学资源、搭建在线学习平台等，为数字化创业教育的实施提供有力保障。

(2) 提高教师数字化素养。教师是数字化创业教育的重要推动者。因此，需要加强对教师的数字化素养培训，提高教师的数字化教学能力和水平。通过组织培训、交流、研讨等活动，让教师了解最新的数字化技术和教学方法，掌握数字化教学的基本技能和工具，为数字化创业教育的实施提供有力支持。

(3) 加强校企合作和产学研合作。校企合作和产学研合作是数字化创业教育的重要途径。通过与企业和研究机构的合作，可以为学生提供更多的实践机会和平台，让学生了解最新的创业动态和市场需求，提高学生的实践能力和创新能力。同时，也可以为企业和研究机构提供人才支持和智力支持，促进产学研深度融合和创新创业发展❶。

数字化创业教育的教学模式与方法是适应时代发展和人才培养需求的重要举措。通过采用线上线下相结合的混合教学模式、个性化定制的教学模式和项目驱动的教学模式等方法，可以为学生提供更加灵活多样、符合个性化需求的学习途径和机会。同时，也需要加强数字化基础设施建设、提高教师数字化素养和加强校企合作和产学研合作等措施的支持和保障，推动数字化创业教育的深入发展和实施。

---

❶ 倪燕：《基于SCP范式的高校图书馆创客空间建设研究》，《大学图书情报学刊》2019年第5期。

第三章　数字化创业教育的实践探索

第一节　国内外数字化创业教育案例分析

在数字化时代，创业教育已成为培养创新型人才、推动社会经济发展的重要途径。国内外众多高校、企业和机构纷纷投身于数字化创业教育的探索与实践，通过构建多元化的教育体系、优化教学内容和方式，为学生提供了丰富的学习资源和实践机会。本节将对国内外数字化创业教育的典型案例进行分析，探讨其成功经验与启示。

一、国外数字化创业教育案例分析

（一）斯坦福大学——创新创业生态圈的构建

斯坦福大学，作为全球创业教育的领军者，其成功之处不仅在于优质的学术资源和教学水平，更在于其精心构建的创新创业生态圈。这个生态圈以其独特的生态系统和丰富的资源，为学生提供了无与伦比的创业环境，使得斯坦福大学成为无数创业者和创新者梦寐以求的圣地。

斯坦福大学的创业教育起步早、体系完善，其课程设置涵盖了从创业理论到实践应用的全方位内容。学校通过开设"创业管理""技术创业"等核心课程，为学生提供了系统的创业知识和技能。同时，斯坦福大学还鼓励学生跨学科学习，将不同领域的知识和思维方式进行融合，以培养更具创新性和适应性的创业人才。斯坦福大学的创新创业生态圈不仅仅局限于课堂教学，更重要的是其为学生提供了丰富的实践平台和资源。学校设立了斯坦福科技园（Stanford Technology Ventures Program，STVP）等创业中心，为学生提供了场地、资金、导师等多方面的支持。这些中心不仅为学生提供了与业界领袖、投资人等交流的机会，还为学生提供了从创意到商业化的全方位指导。斯坦福大学还积极整合校内外资源，与硅谷的众多企业、投资机构建立了紧密的合作关系。这些企业不仅为学生提供了实习和就业机会，还为学生提供了业界前沿技术、市场趋势等信息。通过与企业的合作，学生可以更好地了解市场需求和创业环境，从而为自己的创业之路打下坚实的基础。

斯坦福大学的创新创业生态圈还体现在其独特的文化氛围和创业精神的培育上。学校鼓励学生勇于尝试、敢于创新，为他们提供了宽松、自由的创业环境。在斯坦福大学，失败被视为成功的一部分，学生可以从失败中汲取经验、不断成长。同时，学校还通过举办创业讲座、创业竞赛等活动，激发学生的创业热情和兴趣，培养他们的创业精神和创新能力。斯坦福大学的创新创业生态圈还以其众多的成功案例激励学生，并引发示范效应。这些成功案例不仅包括了众多知名企业的创始人或关键人物，还包括了许多在硅谷或其他地区取得成功的创业者和创新者。这些成功案例不仅为学生提供了榜样和动力，还为他们提供了学习和借鉴的机会。通过了解这些成功案例背后的故事和经验教训，学生可以更好地把握创业的机会和挑战，为自己的创业之路提供有益的参考。

斯坦福大学的创新创业生态圈是一个集教育、实践、文化、资源于一体的综合性生态系统。这个生态圈以其独特的优势和特色，为学生提供了无与伦比的创业环境和支持，使得斯坦福大学成为全球创业教育的领军者。

（二）麻省理工学院——跨学科创业教育的实践

麻省理工学院作为全球顶尖的科研和教育机构，一直走在创新的前沿。在创业教育领域，麻省理工学院以其独特的跨学科教育模式，广阔的学术视野和深厚的学术底蕴，培养出了一批又一批具有创新精神和跨界能力的创业者。这种跨学科创业教育的实践，不仅丰富了创业教育内容，也极大地推动了科研成果的转化和创业项目的孵化。

麻省理工学院的创业教育注重学科之间的交叉融合，通过开设跨学科的创业课程，让学生能够从多个角度理解创业的本质和挑战。这些课程涵盖了技术、商业、设计、法律等多个领域，旨在培养学生的综合能力，使他们能够在复杂的创业环境中快速适应和成长。例如，麻省理工学院的"创业领导力发展项目"（Entrepreneurship Leadership Development Program，ELDP）就是一个典型的跨学科课程，它结合了商业管理、技术开发和领导力培训等多个方面的内容，帮助学生全面了解创业过程，并培养他们的领导能力[1]。

麻省理工学院的创业教育不仅仅停留在理论层面，更注重实践项目的推动。学校鼓励学生将所学知识应用于实际项目中，通过实际操作来检验和提升自己的能力。为此，麻省理工学院设立了多个创业中心和实验室，如马丁信托创业中心（Martin Trust Center for MIT Entrepreneurship）、媒体实验室（Media Lab）等，这些机构为学生提供了丰富的实践机会和资源。学生可以在这些机构中参与各种创业项目，与业界专家、投资人等建立联系，获取宝贵的经验和资源。

麻省理工学院的跨学科创业教育还体现在产学研的深度合作上。学校与企业、研究机构等建立了紧密的合作关系，共同开展科研项目和创业项目。这种合作模式不仅为学生提供了更多的实践机会和创业资源，也促进了科研成果的转化和商业化。例如，麻省理工学院的媒体实验室就是一个

---

[1] 崔鹏、江寅昌、王慧玲：《就业创业导向背景下高校学生管理工作探究》，《现代职业教育》2023年第23期。

典型的产学研合作案例，它与企业合作研发了许多具有创新性和商业价值的产品和技术，如可穿戴设备、人工智能技术等。这些技术和产品不仅推动了相关产业的发展，也为创业者提供了更多的机会和挑战。麻省理工学院的跨学科创业教育还注重文化氛围的营造，不仅为学生提供了更多的学习机会和交流平台，也促进了学校内部和外部的创新创业生态的建设和发展。

麻省理工学院的跨学科创业教育实践通过课程设计、实践项目推动、产学研合作和文化氛围营造等多个方面的努力，为学生提供了全面的创业教育和丰富的实践机会。这种教育模式不仅培养了学生的综合能力和创新精神，也推动了科研成果的转化和创业项目的孵化，为社会的创新和发展作出了积极的贡献。

二、国内数字化创业教育案例分析

（一）清华大学——创业生态系统的建设

在当今这个快速变化的时代，创新与创业已成为推动社会进步的重要力量。在中国的高等学府中，清华大学无疑扮演着引领创新、孵化创业项目的核心角色。清华大学的创业生态系统建设，不仅为学子们提供了施展才华的广阔舞台，更为中国乃至全球的创新创业事业注入了源源不断的活力。

清华大学作为中国的顶尖学府，拥有百年的学术积淀和浓厚的创新氛围。学校汇聚了众多顶尖的学者和科研团队，他们在各自的领域内不断探索、突破，为创新创业提供了坚实的学术支撑。同时，学校鼓励跨学科的交流与合作，促进了不同领域知识的融合与创新，为创业项目的孵化提供了丰富的思想源泉。为了培养更多具有创新创业精神的青年人才，清华大学构建了完善的创业教育体系。从创业基础课程到实践项目，从校内导师指导到企业家的亲身传授，学生们在这里能够接触到全方位的创业知识和技能。学校还设立了多个创业实践平台，如清华科技园、清华 x-lab 等，为学生们提供了将创业想法付诸实践的宝贵机会。

清华大学的校友遍布全球各行各业，他们中的许多人已成为各自领域的佼佼者。这些校友不仅为学校的创业生态系统提供了强大的社会资源和人脉支持，还通过捐赠、设立奖学金等方式回馈母校，支持更多学弟学妹的创业梦想。同时，学校还积极与各类企业、投资机构建立合作关系，为创业项目提供资金、技术、市场等多方面的支持。为了激发学生的创业热情和创新精神，清华大学举办了"清华创业计划大赛""清华科技创新大赛"等众多创业活动与赛事。这些活动不仅为学生们提供了展示才华的舞台，还促进了不同团队之间的交流与合作。通过这些活动，学生们能够结识志同道合的伙伴，共同为创业梦想而努力。

清华大学的创业生态系统建设是一个系统工程，涵盖了学术、教育、资源、活动等多个方面。在这个系统中，学校、学生、校友、企业等各方力量共同发力，形成了一个良性循环的创新创业生态圈❶。这个生态圈不仅推动了清华大学的创新创业教育不断发展壮大，也为中国乃至全球的创新创业事业作出了重要贡献。

（二）上海交通大学——创业教育与实践的深度融合

在高等教育的广阔天地中，上海交通大学一直以其卓越的学术实力、前沿的科研水平和开放的教育理念而著称。特别是在创业教育与实践方面，上海交通大学更是走在了前列，通过一系列创新举措，实现了创业教育与实践的深度融合，培养了大量具有创新精神和实践能力的优秀人才。

上海交通大学深刻理解到，在知识经济时代，创新创业能力已成为衡

---

❶ 安美忱：《高校创新创业教育"立体化"新模式研究》，《黑龙江高教研究》2020 年第 10 期。

量人才素质的重要标准。因此,学校将创业教育置于教育教学的核心地位,提出了"知行合一、实践育人"的教育理念。这一理念强调理论知识与实践能力的结合,鼓励学生将所学知识应用于解决实际问题,培养具有创新思维和实践能力的新时代人才。为了贯彻创业教育理念,上海交通大学构建了完善的创业教育课程体系。在课程设置上,学校注重理论与实践相结合,开设了包括创业基础课程、创业实践课程、创业案例分析课程等在内的多门创业相关课程。这些课程不仅涵盖了创业理论、创业技能、创业心理等方面的知识,还注重培养学生的创新思维、团队协作和问题解决能力。同时,学校还鼓励学生参与创业计划大赛、创业实践项目等各类创业实践项目,这些实践项目为学生提供了将所学知识应用于实际的机会,让学生在实践中锻炼创业能力,积累创业经验。为了保障创业教育的质量和效果,上海交通大学积极打造了一支专业的创业导师团队。这些导师不仅具有丰富的创业经验和深厚的学术背景,还具备强烈的责任感和使命感。他们通过授课、指导实践项目、担任创业顾问等方式,为学生提供全方位的创业指导和支持。学校还积极引进外部资源,邀请企业家、投资人、创业者等成功人士担任创业导师或开设讲座,为学生传授创业经验和行业知识。这些外部导师的加入,不仅丰富了学校的创业教育资源,也为学生提供了更多与业界精英交流的机会。

为了给学生提供充足的实践机会和优质的创业环境,上海交通大学积极打造了创业孵化基地、创业实验室、创业投资基金等一系列创业实践平台。这些平台为学生提供了从项目孵化、融资到市场推广等全方位的创业支持。同时学校还积极与企业、政府、投资机构等建立合作关系,共同打造创业生态圈。在这个生态圈中,学生可以接触到更多的创业资源和机会,了解行业动态和市场需求,从而更好地规划自己的创业道路。为了营造浓厚的创业文化氛围,上海交通大学积极举办各类创业活动和赛事。这些活动不仅为学生提供了展示才华的机会,也激发了他们的创业热情和创新精神。同时,学校还通过校报、网站等媒体平台,宣传创业典型和成功案例,鼓励更多的学生投身创新创业活动。

上海交通大学通过一系列创新举措实现了创业教育与实践的深度融合。这种融合不仅提升了学生的创新创业能力,也推动了学校的教育教学改革和人才培养质量提升。

三、成功经验与启示

(一)注重培养学生的创新思维和创业精神

无论是国外还是国内的高校,都注重培养学生的创新思维和创业精神,这是数字化创业教育成功的关键所在。高校应该通过开设创新课程、举办创业竞赛、邀请成功创业者分享经验等方式,激发学生的创业热情和兴趣,培养他们的创新思维和创业能力。

(二)构建多元化的教育体系

数字化创业教育需要构建多元化的教育体系,包括课程设置、教学方法、实践环节等多个方面。高校应该根据学生的需求和兴趣,开设多样化的创业课程和项目,采用灵活多样的教学方法和手段,搭建丰富的实践平台和支持体系,为学生提供全方位的学习资源和实践机会。

(三)加强产学研合作

产学研合作是数字化创业教育的重要手段之一。高校应该积极与企业、投资机构和政府部门建立合作关系,共同开展技术研发、成果转化和创业孵化等工作,为学生提供更多的实践机会和创业资源。同时,高校还应该加强与企业的沟通和交流,了解企业的需求和动态,为学生提供更精准的创业指导和支持。

(四) 注重个性化培养

数字化创业教育需要注重个性化培养，根据学生的兴趣和特长进行有针对性的指导和支持。高校应该为学生提供充分的选择范围和发展空间，鼓励他们发挥自己的优势和特长，在创业过程中不断探索和创新。同时，高校还应该关注每个学生的成长和发展情况，及时给予指导和帮助，促进他们全面发展和创业成功。

数字化创业教育是培养创新型人才、推动社会经济发展的重要途径。国内外众多高校、企业和机构在数字化创业教育的探索与实践中取得了丰富的经验和成果。通过构建多元化的教育体系、加强产学研合作、注重个性化培养等方式，可以为学生提供更好的学习资源和实践机会，激发他们的创业热情和兴趣，培养他们的创新思维和创业能力。未来，数字化创业教育将继续发挥重要作用，为培养更多优秀的创业人才做出更大的贡献，如图3-1所示。

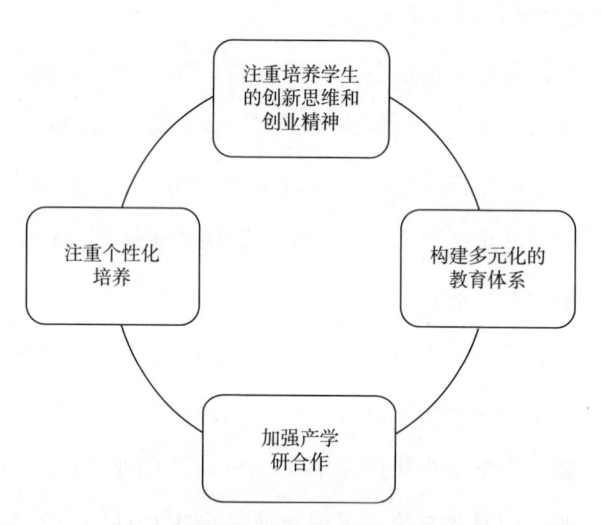

图3-1 国内国外高校成功经验与启示

第二节 数字化创业教育平台的建设与运营

随着信息技术的迅猛发展和全球经济的数字化转型，创业教育作为培养创新创业人才的重要途径，也面临着新的机遇和挑战。数字化创业教育平台以其高效、便捷、互动性强等特点，为创业教育提供了新的思路和模式。本节旨在探讨数字化创业教育平台的建设与运营，以期为相关教育工作者和实践者提供参考，如图 3-2 所示。

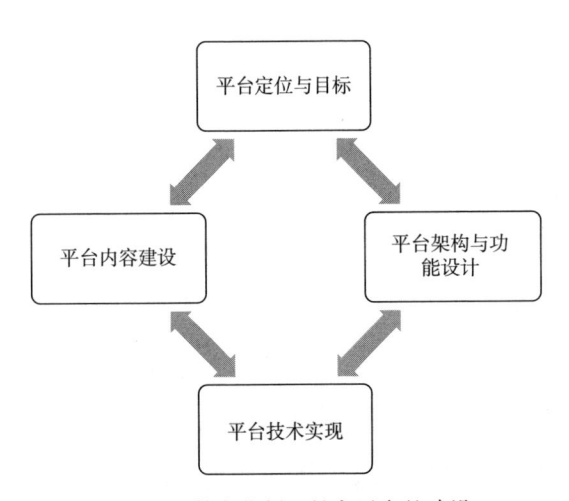

图 3-2 数字化创业教育平台的建设

一、数字化创业教育平台的建设

（一）平台定位与目标

1. 平台定位

数字化创业教育平台的定位，首先在于其独特的数字化属性。这一属性使得平台能够突破传统教育模式的限制，提供更为丰富、便捷和高效的

81

创业教育服务。具体可以从以下几个方面来阐述。

（1）数字化资源集成中心。平台应汇聚各类创业教育资源，包括在线课程、教学视频、案例库、文献资料等，形成一个全面、系统的创业教育资源体系。用户可以通过平台轻松获取所需资源，提高学习效率。

（2）创业教育实践平台。除了提供理论知识，平台还应注重实践能力的培养。通过模拟创业环境、组织创业实践项目、提供创业指导等方式，帮助学生将所学知识应用于实际创业过程中，提升创业实践能力。

（3）创业交流互动社区。平台应成为一个创业交流互动的社区，为创业者提供一个交流思想、分享经验、寻求合作的平台。通过论坛、社群、问答等方式，促进用户之间的互动交流，形成良好的创业氛围。

（4）创业教育创新引领者。平台应不断推动创业教育的创新与发展，探索新的教育模式、方法和手段，引领创业教育的发展方向。通过引入新技术、新应用，提升创业教育的科技含量和时代感。

2. 平台目标

数字化创业教育平台的目标，旨在培养具有创新思维和创业能力的新时代人才[1]，推动创业教育的普及与发展。平台的目标包括以下几方面。

（1）提升创业教育的普及率。通过数字化手段，降低创业教育的门槛和成本，使更多人能够接触和接受创业教育。同时，平台应提供个性化的学习推荐和服务支持，满足不同用户的需求和偏好，提高创业教育的普及率。

（2）培养创新创业人才。平台应注重培养学生的创新思维和创业能力，通过课程设置、实践项目、导师指导等方式，帮助学生掌握创业知识和技能，培养具有创新精神和实践能力的创新创业人才。

---

[1] 王倩：《艺术类大学生参与创新创业的路径探讨》，《创新创业理论研究与实践》2019年第14期。

(3) 推动创业教育的创新与发展。平台应积极探索新的教育模式、方法和手段，推动创业教育的创新与发展。通过引入新技术、新应用，提升创业教育的科技含量和时代感，为创业教育注入新的活力和动力。

(4) 构建创业教育生态系统。平台应加强与高校、企业、政府等合作，构建一个完整的创业教育生态系统。通过资源整合、信息共享、合作共赢等方式，为创业者提供更多的机会和资源支持，推动创业教育的持续发展。

数字化创业教育平台的定位与目标应紧密结合时代背景和社会发展需求，致力于培养具有创新思维和创业能力的新时代人才，推动创业教育的普及与发展。通过不断探索和创新，为创业教育注入新的活力和动力，为社会经济发展贡献更多的人才和智慧。

(二) 平台架构与功能设计

随着信息技术的飞速发展，数字化创业教育平台已成为推动创业教育创新与发展的重要力量。一个高效、完善的平台架构与功能设计，对于提升创业教育质量、满足用户多样化需求至关重要。以下是对数字化创业教育平台架构与功能设计的详细阐述。

1. 平台架构

数字化创业教育平台的架构设计需要综合考虑技术实现、用户体验、数据安全等多方面因素。

(1) 基础设施层。作为平台的基础支撑，包括服务器、存储设备、网络设备等硬件资源，以及操作系统、数据库、中间件等软件环境。这些基础设施需要具备高可用性、高扩展性和高安全性，以确保平台的稳定运行和高效数据处理能力。

(2) 数据资源层。负责存储和管理平台中的各类数据资源，包括用户信息、课程资源、实践项目、案例库等。通过数据资源层，平台可以实现数据的集中存储、统一管理和高效利用,为上层应用提供数据支持。

(3) 应用服务层。提供平台的核心功能和服务,包括在线学习、实践项目管理、创业交流互动、数据分析等。应用服务层需要根据用户需求进行定制化开发,以满足不同用户群体的多样化需求。

(4) 用户界面层。作为用户与平台交互的接口,包括网页端、移动端等终端形式。用户界面层需要设计简洁、操作便捷,提供良好的用户体验。

2. 核心功能设计

数字化创业教育平台的功能设计需要紧密结合创业教育的特点和用户需求,提供全面、个性化的服务支持。具体核心功能设计如下。

(1) 在线学习功能。提供丰富的创业教育课程资源,包括视频教程、在线课程、专题讲座等。用户可以根据自己的兴趣和需求选择学习内容,实现自主学习和个性化学习。

(2) 实践项目管理功能。支持用户发布和管理自己的创业实践项目,包括项目申请、审批、进度跟踪、成果展示等。通过实践项目管理功能,用户可以更好地将所学知识应用于实际创业过程中,提升创业实践能力。

(3) 创业交流互动功能。建立创业交流互动社区,提供论坛、社群、问答等交流方式。用户可以在社区中分享经验、交流思想、寻求合作机会,形成良好的创业氛围。

(4) 数据分析功能。收集和分析用户学习行为、项目进展等数据,为用户提供个性化学习推荐和创业指导。同时,数据分析功能还可以帮助平台了解用户需求和趋势,为平台优化和升级提供数据支持。

(5) 个性化推荐功能。基于用户的学习行为、兴趣爱好等信息,为用户推荐相关的课程、项目、活动等资源。个性化推荐功能可以提高用户的学习效率和体验,增强用户对平台的黏性。

（6）用户管理功能。提供用户注册、登录、信息管理、权限设置等功能。用户管理功能可以确保平台用户信息的安全性和完整性，同时方便平台对用户进行管理和服务。

数字化创业教育平台的架构与功能设计需要综合考虑技术实现、用户体验、数据安全等多方面因素。一个高效、完善的平台架构与功能设计可以为用户提供全面、个性化的服务支持，推动创业教育的创新与发展。

(三) 平台技术实现

在数字化时代，创业教育平台的技术实现是确保平台功能完善、运行稳定、用户体验优良的关键。数字化创业教育平台的技术实现涉及多个方面，包括前端技术、后端技术、数据库技术、云计算与大数据技术等，这些技术的综合应用为平台提供了强大的技术支撑。

1. 前端技术

前端技术是数字化创业教育平台与用户交互的直接界面，它的好坏直接影响着用户的体验。前端技术主要包括 HTML、CSS、JavaScript 等，通过这些技术，可以构建出美观、易用、响应迅速的用户界面。同时，前端技术还需要考虑跨平台、跨浏览器兼容性等问题，确保平台在不同设备和浏览器上都能正常显示和运行。在数字化创业教育平台中，前端技术还涉及一些特殊的功能实现，如在线视频播放、实时互动、拖拽操作等。这些功能的实现需要借助一些前端框架和库，如 React、Vue、Angular 等，这些框架和库提供了丰富的组件和 API，可以大大简化开发过程，提高开发效率。

2. 后端技术

后端技术是数字化创业教育平台的核心，它负责处理用户请求、管理数据、实现业务逻辑等。后端技术主要包括服务器技术、编程语言、框架和中间件等。在服务器技术方面，常用的有 Linux、Windows 等操作系统，以及 Apache、Nginx 等 Web 服务器。在编程语言方面，Java、Python、Node.js 等都是常用的选择。框架和中间件则可以帮助开发者快速构建稳定、高效的后端系统，如 Spring Boot、Django、Express 等。在数字化创业教育平台中，后端技术还需要处理一些复杂的业务逻辑，如用户认证、权限管理、支付接口、邮件发送等。这些业务逻辑的实现需要借助一些成熟的第三方库和工具，如 OAuth、JWT、Stripe、SendGrid 等。这些工具可以大大简化开发过程，降低开发难度。

3. 数据库技术

数据库技术是数字化创业教育平台存储和管理数据的基础。在平台中，用户信息、课程资源、实践项目、用户行为等数据都需要存储在数据库中。数据库技术包括关系型数据库和非关系型数据库两大类。关系型数据库如 MySQL、Oracle 等，具有数据结构化、数据完整性高等优点；非关系型数据库如 MongoDB、Redis 等，则具有数据模型灵活、扩展性好等优点。在数字化创业教育平台中，需要根据数据的特性和需求选择合适的数据库技术。例如，用户信息和课程资源等结构化数据可以使用关系型数据库存储；而用户行为日志等非结构化数据则可以使用非关系型数据库存储。同时，还需要考虑数据的备份、恢复、安全性等问题，确保数据的完整性和安全性。

4. 云计算与大数据技术

云计算与大数据技术是数字化创业教育平台的重要支撑。云计算技术可以提供弹性可扩展的计算资源，满足平台在高峰期的需求；大数据技术则可以对平台中的海量数据进行处理和分析，为平台提供有价值的信息和决策支持。在数字化创业教育平台中，可以利用云计算技术构建分布式系统，提高系统的并发处理能力和稳定性。同时，可以利用大数据技术对用户行为、课程质量等进行深入分析，为平台优化和升级提供数据支持。

(四) 平台内容建设

数字化创业教育平台的内容建设是平台发展的核心和灵魂，它直接关系到平台的吸引力、影响力和实用性。在数字化时代，内容建设不仅仅是简单的信息堆砌，而是需要精心策划、持续更新、深度整合和互动反馈的复杂过程。

(1) 内容策划是数字化创业教育平台内容建设的第一步。需要明确平台的定位和目标用户群体，了解他们的需求和兴趣点。基于这些信息，制定内容策划方案，明确内容的主题、形式和呈现方式。例如，可以围绕创业知识、案例分析、实战经验、政策解读等方面展开内容建设，以满足用户多样化的需求。

(2) 内容创作是数字化创业教育平台内容建设的核心环节。在内容创作过程中，需要注重内容的原创性、专业性和实用性。通过邀请行业专家、创业者、学者等撰写专栏文章、分享经验、解读政策等，提升平台内容的权威性和影响力。同时，也可以整合互联网上的优质资源，如视频教程、在线课程、案例库等，为用户提供丰富多样的学习材料。

(3) 在内容整合方面，需要建立科学的分类体系和检索机制，方便用户快速找到所需内容。可以将内容按照主题、领域、难易程度等进行分类，设置清晰的标签和关键词，提高内容的可访问性和可搜索性。此外，还可以利用推荐算法等技术，根据用户的浏览历史、兴趣偏好等信息，为用户推荐个性化的学习内容。

(4) 内容更新是数字化创业教育平台内容建设的重要任务。随着创业教育的不断发展和用户需求的不断变化，平台需要不断更新内容，保持内容的时效性和新鲜感。可以定期发布新的文章、课程、案例等，或者对已有内容进行修订和完善。同时，也需要及时删除过时、错误或低质量的内容，确保平台内容的准确性和可靠性。

(5) 在内容维护方面，需要建立完善的审核机制和反馈机制。对发布的内容进行严格的审核和筛选，确保内容的质量和安全。同时，也需要关注用户的反馈和意见，及时回应用户的需求和问题，不断改进和优化平台的内容建设。

（6）内容互动是数字化创业教育平台内容建设的重要补充。通过互动功能，可以增加用户的参与感和归属感，提高用户的满意度和忠诚度。可以设立问答区、讨论区、社区论坛等互动板块，鼓励用户分享经验、交流思想、提问解答。同时，也可以组织线上线下活动，如创业大赛、讲座研讨等，促进用户之间的交流和合作。

（7）在内容推广方面，可以利用社交媒体、搜索引擎等渠道进行宣传推广，扩大平台的影响力和知名度。可以与相关机构、媒体等建立合作关系，共同推广创业教育内容。同时，也可以利用数据分析等技术手段，分析用户行为和需求，制定更加精准的推广策略。

数字化创业教育平台的内容建设是一个持续不断的过程，需要注重策划、创作、更新、维护、互动和推广等多个环节。只有不断完善和优化内容建设，才能提高平台的吸引力和影响力，为创业者提供更加优质、高效、便捷的服务。

二、数字化创业教育平台的运营

（一）用户管理

数字化创业教育平台的运营需要建立完善的用户管理制度。平台应对用户进行实名认证和注册管理，确保用户信息的真实性和安全性。同时，平台应提供个性化的学习推荐和服务支持，满足不同用户的需求和偏好。

（二）课程管理

课程管理是数字化创业教育平台运营的重要环节。平台应对课程进行分类管理和定期更新，确保课程内容的时效性和实用性。同时，平台应建立课程评价机制和反馈机制,收集学生和教师对课程的意见和建议,不断优化课程质量和教学效果。

(三)活动管理

活动管理是数字化创业教育平台运营的重要手段。平台应定期组织线上线下的创业活动和比赛,如创业讲座、创业沙龙、创业大赛等,激发学生的创业热情和创新能力。同时,平台还应积极与高校、企业、政府等合作,拓展合作渠道和资源支持,提升平台的品牌影响力和社会认可度。

(四)数据分析与优化

数据分析与优化是数字化创业教育平台运营的关键环节。平台应利用大数据技术对用户行为、课程效果、活动参与度等数据进行深入挖掘和分析,为平台运营提供决策支持和优化建议。同时,平台还应建立数据安全和隐私保护机制,确保用户数据的安全性和隐私性。

数字化创业教育平台的建设与运营是创业教育领域的重要创新和发展方向。通过建设高效、便捷、互动性强的数字化创业教育平台,可以为学生提供全面的创业教育资源和支持服务,帮助他们更好地适应数字化时代的创业环境。同时,数字化创业教育平台的建设与运营也面临着一些挑战和问题,需要相关教育工作者和实践者共同努力解决。

第三节 数字化创业教育课程开发与实施

随着信息技术的飞速发展,数字化教育已成为教育领域的重要趋势。在创业教育领域,数字化创业教育课程的开发与实施显得尤为重要。数字化创业教育课程以其灵活性、互动性、个性化等特点,为创业者提供了更加丰富、高效的学习体验。本节将从课程开发的目标、内容设计、实施策

数字化创业教育：教育信息化驱动下的创业教育改革与创新

略、效果评估等方面，详细探讨数字化创业教育课程的开发与实施。

一、数字化创业教育课程开发目标

（一）培养创新思维与创业意识

数字化创业教育课程的首要目标在于培养学生的创新思维和创业意识。在信息爆炸的时代，创新思维成为推动社会进步和个人发展的重要力量。通过数字化创业教育课程，希望学生能够了解创新的重要性，掌握创新的方法论，并激发内在的创业兴趣和热情。这种创新思维和创业意识的培养，将有助于学生在未来的职业生涯中，不断寻求突破和创新，成为推动社会发展的重要力量。

（二）提升创业能力与综合素质

数字化创业教育课程开发的另一个重要目标是提升学生的创业能力和综合素质。创业能力涵盖了市场分析、商业计划书撰写、融资技巧、团队管理、市场营销等多个方面。通过系统的课程学习，学生将掌握这些创业所需的基本技能和方法，为未来的创业之路打下坚实的基础。同时，数字化创业教育课程还注重培养学生的综合素质，如团队协作能力、沟通能力、领导力等，这些素质的提升将有助于学生在创业过程中更好地应对各种挑战和困难。

（三）促进个性化学习与终身发展

数字化教育的一大优势在于其个性化学习的特点。数字化创业教育课程开发目标也强调促进学生个性化学习与终身发展。通过提供丰富多样的学习资源和学习路径，学生可以根据自己的兴趣和需求选择学习内容，实现个性化学习[1]。同时，数字化创业教育课程还注重培养学生的自主学习

---

[1] 王惠：《基于教育云平台的高职计算机专业信息化教学改革研究》，《青岛职业技术学院学报》2019年第2期。

能力，使学生能够在未来的学习和工作中，不断进行自我提升和成长。这种终身学习的理念将有助于学生不断适应社会发展的需求，成为具有持续竞争力的人才。

（四）推动创业教育与实践相结合

数字化创业教育课程开发目标还强调推动创业教育与实践相结合。通过引入创业实践项目、创业竞赛等活动，让学生亲身体验创业过程，了解创业的实际操作和困难。这种实践性的学习方式将有助于学生更好地理解创业理论知识并应用，提高学生的创业实践能力。同时，通过实践经验的积累，学生还可以为未来的创业之路积累宝贵的经验和资源。

（五）构建数字化创业教育生态系统

数字化创业教育课程开发目标还着眼于构建数字化创业教育生态系统。通过整合各种教育资源、建立合作机制、搭建交流平台等方式，形成一个包括课程、师资、实践、评价等多方面的数字化创业教育生态系统。这个生态系统将为学生提供更加全面、系统的创业教育支持，推动创业教育的持续发展。

数字化创业教育课程开发旨在培养学生的创新思维和创业意识、提升创业能力与综合素质、促进个性化学习与终身发展、推动创业教育与实践相结合以及构建数字化创业教育生态系统。这些目标的实现将为学生未来的创业之路提供有力支持，同时也为创业教育的发展注入新的活力。

二、数字化创业教育课程内容设计

（一）知识体系的构建

数字化创业教育课程内容设计的首要任务是构建完整的知识体系。这包括创业基础知识、创新思维方法、市场分析技巧、商业计划书撰写、融资与财务管理、市场营销策略以及团队协作与领导力培养等多个方面。课程内容需要系统全面，既要涵盖创业所需的基本理论，又要注重实践应用，使学生能够在理论学习的基础上，掌握创业的实际操作。

（二）教学方法的创新

在数字化教育背景下，教学方法的创新是课程内容设计的重要组成部分。数字化创业教育课程应充分利用数字技术的优势，采用线上线下相结合的教学模式，提供多样化的学习资源和学习路径。通过在线视频、微课、案例分析、模拟创业等教学方式，激发学生的学习兴趣和参与度，提升教学效果。同时，课程还应注重学生的自主学习和合作学习，通过小组讨论、项目实践等方式，培养学生的团队协作能力和解决问题的能力。

（三）学习资源的丰富

数字化创业教育课程内容设计还需要提供丰富的学习资源。这包括教材、课件、案例库、创业项目库等。学习资源应该具有时效性、针对性和实用性，能够满足学生的学习需求。同时，课程还应积极引入外部资源，如企业家讲座、创业导师指导等，为学生提供更加全面、深入的学习体验。

（四）实践环节的强化

实践是创业教育的重要组成部分。数字化创业教育课程内容设计应强化实践环节的设计，让学生在实践中掌握创业技能和方法。通过创业实践项目、创业竞赛、企业实习等方式，让学生亲身体验创业过程，了解创业的实际操作和困难。实践环节的设计应注重与理论知识的结合，让学生在实践中深化对理论知识的理解和应用。

（五）评估方式的多元化

评估方式的多元化是数字化创业教育课程内容设计的重要特点。传统的考试方式已经无法满足数字化教育的需求。因此，数字化创业教育课程应采用多种评估方式，如在线测试、作业提交、小组讨论、项目实践等。

这些评估方式能够全面、客观地评价学生的学习效果和能力水平，为课程的优化和改进提供数据支持。

（六）课程内容的持续更新

数字化时代，信息更新迅速，创业教育也需要与时俱进。因此，数字化创业教育课程内容设计应具有持续更新的特点。课程开发者应密切关注创业领域的最新动态和发展趋势，及时将新的创业理念、方法和技术引入到课程内容中，确保课程内容的时效性和前瞻性。

数字化创业教育课程内容设计需要全面考虑知识体系的构建、教学方法的创新、学习资源的丰富、实践环节的强化、评估方式的多元化以及课程内容的持续更新等方面。通过精心设计的课程内容，可以为学生提供优质、高效、便捷的数字化创业教育体验，培养出更多具有创新精神和实践能力的创业人才。

三、数字化创业教育课程的实施策略

（一）多元化的教学方式

数字化创业教育课程的实施策略应首先注重多元化的教学方式。由于数字技术的快速发展，可以利用在线平台、移动应用、虚拟现实等多种技术手段，为学生提供丰富多样的学习体验。例如，通过在线视频教学，学生可以在任何时间、任何地点进行学习；而虚拟现实技术则可以模拟真实的创业场景，让学生在实际操作中学习和掌握创业技能。同时，结合传统的课堂教学，形成线上线下相结合的教学模式，以满足不同学生的学习需求。

（二）提升学生的参与度

在实施数字化创业教育课程时，应注重提升学生的参与度。这可以通过设置互动性强的学习任务、开展创业实践活动、组织小组讨论等方式实现。例如，教师可以设计一些具有挑战性的创业项目，让学生在团队中协作完成，从而培养他们的团队协作能力和实践能力。同时，教师还可以利用社交媒体、在线论坛等工具，与学生进行实时互动，解答他们的疑问，激发他们的学习兴趣和动力。

（三）强大的技术支持

技术支持是数字化创业教育课程实施的关键，需要确保课程平台稳定、易用，并具备良好的兼容性和可扩展性。此外，还需要提供丰富的数字化教学工具和资源，如在线测试系统、数据分析工具等，以支持教师开展有效的教学活动。同时，为了保障学生的学习体验，还需要关注网络安全和隐私保护问题，确保学生的个人信息和学习数据不被泄露。

（四）优秀的师资团队

数字化创业教育课程的实施离不开优秀的师资团队，需要建立一支具备丰富创业经验和教学经验的师资团队，他们不仅能够传授创业知识，还能够引导学生进行创业实践。此外，还需要注重师资团队的专业培训和持续发展，确保他们能够适应数字化教育的需求，不断提升教学质量和效果。

（五）个性化的学习支持

每个学生都有自己独特的学习需求和兴趣点。因此，在实施数字化创业教育课程时，需要注重个性化的学习支持。这可以通过提供个性化的学习路径、定制化的学习资源等方式实现。例如，可以根据学生的兴趣和需求，为他们推荐合适的创业项目和案例；同时，还可以利用数据分析技术，对学生的学习情况进行跟踪和分析，为他们提供有针对性的学习建议和指导。

（六）全面的课程评估

课程评估是数字化创业教育课程实施的重要环节，需要建立全面的课程评估体系，包括对学生学习效果的评估、对教师教学质量的评估以及对课程内容的评估等。通过评估结果的分析和反馈，可以不断优化和改进课程内容、教学方式和学习支持等方面的工作，以提高课程的教学质量和效果。数字化创业教育课程的实施策略应注重多元化的教学方式、广泛的学生参与度、强大的技术支持、优秀的师资团队、个性化的学习支持和全面的课程评估等方面。这些策略的实施将有助于确保数字化创业教育课程能够有效地达到预期的教学目标，培养出更多具有创新精神和实践能力的创业人才。

数字化创业教育课程的效果评估是课程开发的重要环节。通过课程效果评估，可以了解学生的学习情况和课程实施的效果，为课程的优化和改进提供数据支持。课程效果评估包括以下几个方面。

（1）学生参与度评估。通过统计学生的在线学习时间、作业完成情况、课堂参与度等指标，评估学生的学习积极性和参与度。

（2）学习能力提升评估。通过对比学生在学习前后的能力水平变化，评估课程对学生能力提升的效果。可以采用问卷调查、能力测试等方式进行评估。

（3）创业实践成果评估。对于参与创业实践的学生，可以通过评估其创业项目的实施情况、商业计划书的质量、融资成果等指标，评估其创业实践能力和成果。

通过以上评估方式，可以全面了解数字化创业教育课程的效果和学生的学习情况，为课程的持续优化和改进提供有力支持。同时，也可以为其他创业教育课程的开发和实施提供借鉴和参考。

第四章 教育信息化赋能创业教育体系变革

第一节 课程体系重构与优化

随着信息技术的迅猛发展,教育信息化已成为推动教育现代化、提高教育质量的重要途径。教育信息化课程体系重构与优化,作为教育信息化建设的重要一环,对于培养学生的信息素养、提升教师的教学能力、优化教育资源配置等方面具有重要意义。本节将从教育信息化课程体系重构与优化的背景、目标、策略及实施效果等方面进行探讨。

一、教育信息化课程体系重构与优化的背景

(一) 教育信息化的趋势

教育信息化的首要趋势是技术驱动的教育创新。随着云计算、大数据、人工智能、物联网等新一代信息技术的广泛应用,教育领域正迎来前所未有的变革。这些技术不仅改变了教学工具和手段,更重要的是推动了教育内容的创新和教育模式的转变。例如,人工智能可以根据学生的学习习惯和水平提供个性化的学习建议和资源,大数据则可以用于分析学生的学习行为和学习效果,为教育决策提供科学依据。

在线教育作为教育信息化的重要形式,正在逐步普及和深化。随着网络技术的不断发展和完善,越来越多的优质教育资源得以在线共享,打破了地域和时间的限制,使得更多人能够享受到优质的教育资源。同时,在

线教育也在不断探索新的教学模式和教学方法，如翻转课堂、混合式教学等，以满足不同学生的需求。

教育资源的数字化和共享是教育信息化的重要方向。随着数字化技术的广泛应用，越来越多的教育资源被转化为数字形式，如电子教材、网络课程、教学软件等。这些数字化资源不仅方便了学生和教师的学习和教学，更重要的是促进了教育资源的共享和交流。通过搭建在线教育平台或资源共享平台，可以实现教育资源的优化配置和高效利用，提高教育质量和效益。

随着人工智能等技术的不断发展，教育管理与服务也在逐步实现智能化。通过运用大数据、云计算等技术手段，可以实现对教育数据的实时收集、分析和处理，为教育决策提供科学依据。同时，智能化技术也可以用于改善教育服务，如智能答疑系统、智能辅导机器人等，为学生提供更加便捷、高效的学习支持。教育信息化的最终目标是实现信息技术与教育教学的深度融合。这种融合不仅表现在技术层面的应用上，更重要的是体现在教育理念、教育模式的变革上。通过教育信息化，可以推动教育模式的创新和发展，如项目学习、协作学习、在线学习等新型教学模式的广泛应用。同时，教育信息化也可以促进教育公平和可持续发展，通过提供优质的教育资源和服务，缩小城乡、区域之间的教育差距。

教育信息化是教育领域的重要发展趋势，它正在推动教育理念、教育模式的深刻变革。未来，随着技术的不断发展和应用，教育信息化将会发挥更加重要的作用，为教育事业的繁荣和发展注入新的活力。

（二）教育改革的需要

教育改革需要关注科技发展的最新动态，将新技术、新应用引入教育领域，推动教育教学的创新。例如，利用大数据、人工智能等技术手段，可以实现对学生学习行为的精准分析，为个性化教学提供有力支持。同时，通过在线教育平台的建设，可以打破地域限制，让优质教育资源惠及更多学生。

教育改革需要关注全球化的发展趋势，培养学生的国际视野和跨文化交流能力。在全球化的背景下，各国之间的交流和合作日益频繁，具备国际视野和跨文化交流能力的人才更受欢迎。因此，教育改革需要注重培养学生的语言能力、文化素养和国际交流能力，让他们更好地适应未来社会的发展。

教育改革的核心目标是培养适应未来社会发展的人才。随着社会的不断进步和变革，未来社会对于人才的需求也在不断变化。传统的教育模式往往注重知识的传授和应试能力的培养，而忽视了学生的综合素质和创新能力的发展。然而，在未来的社会中，拥有创新能力、实践能力、团队合作能力等多方面能力的人才将更具竞争力。

教育改革需要注重培养学生的综合素质和创新能力。这包括加强实践教学环节，提高学生的动手能力和实践能力；加强跨学科教育，培养学生的综合素质和创新能力；注重培养学生的团队合作和沟通能力，让他们更好地适应未来社会的多元化需求。

教育领域还存在一些亟待解决的问题，如教育资源分配不均、教育质量参差不齐、学生课业负担过重等。这些问题不仅影响了学生的身心健康发展，也制约了教育事业的持续发展。因此，教育改革需要针对这些问题提出切实可行的解决方案。

通过优化教育资源配置，加大对农村和贫困地区的教育投入，提高这些地区的教育水平；加强教育质量监测和评估体系的建设，促进教育质量的持续提升；减轻学生的课业负担，注重培养学生的兴趣和爱好，让他们更加健康、快乐地成长。教育改革的需要是时代变革和人才培养的必然要求。只有通过深化改革、创新实践，才能推动教育事业的不断发展和进步。

（三）学生发展的需求

1. 个性化培养

每个学生都是独一无二的个体，他们拥有不同的兴趣、特长和潜力。因此，学生发展的首要需求是个性化的培养。个性化发展意味着在教育过程中，要尊重学生的个性差异，关注他们的兴趣和需求，为他们提供个性化的学习路径和资源。这要求教师在教学过程中注重观察和评估学生的个性化特征，设计多样化的教学方法和手段，以激发学生的内在动力和潜能，培养他们的独特优势。

2. 多元化培养

随着社会的多元化发展，学生也面临着越来越多的选择和挑战。因此，学生发展的另一个重要需求是多元化的发展。多元化发展意味着学生需要在多个领域和方面都有所涉猎，形成宽广的知识视野和全面的能力结构。这要求教师在教学内容和课程设置上注重多元化和跨学科性，提供多样化的学习资源和机会，鼓励学生尝试和探索不同的领域和兴趣，培养他们的综合素质和创新能力。

3. 全面培养

全面发展意味着学生需要在知识、能力、情感、态度等多个方面都有所提升和进步。这要求教师在教学过程中注重全面性和整体性，不仅关注学生的学习成绩和知识掌握程度，还要关注学生的情感发展和品德修养。同时，教师还需要为学生提供多样化的学习机会和平台，如社会实践、志愿服务、艺术体育等，让学生在实践中锻炼和提升自己的综合素质和能力。

4. 自主性和主动性培养

随着学生年龄的增长和认知水平的提高，他们开始更加关注自我实现的需求。自我实现意味着学生需要通过自己的努力和实践，实现自己的价值和目标。这要求教师在教学过程中注重培养学生的自主性和主动性，鼓励他们自主选择和规划自己的学习和发展路径。同时，教师还需要为学生提供足够的支持和指导，帮助他们解决在自我实现过程中遇到的问题和困难。

随着社会的快速发展和变革，未来社会对于人才的需求也在不断变化。因此，学生的发展还需要考虑如何适应未来社会的需求。这要求教师在教育过程中注重培养学生的创新能力、实践能力、团队合作能力等多方面能力，让他们具备适应未来社会发展的素质和能力。同时，教师还需要关注未来社会的发展趋势和变化，及时调整教育内容和教学方法，以适应未来社会的需求。学生发展的需求是多元化、个性化和全面性的追求。教师需要在教学过程中关注学生的需求和特点，为他们提供个性化的培养方案和多样化的学习机会，帮助他们实现自我发展和全面成长。

二、教育信息化课程体系重构与优化的目标

（一）构建完善的信息化课程体系

构建完善的信息化课程体系，首先要明确其构建目标。这一目标应紧密围绕培养学生的信息素养、创新能力和实践能力展开。具体来说，信息化课程体系应能够为学生提供系统、全面的信息技术知识，培养学生的信息技术应用能力和问题解决能力；同时，通过实践环节的设置，增强学生的创新意识和实践能力，使其能够适应未来社会的需求。

1. 优化信息化课程结构

在明确构建目标的基础上，需要对信息化课程结构进行优化。这包括合理设置信息技术基础课程、选修课程和实践课程等。基础课程应注重信息技术基础知识和基本技能的传授，为学生打下坚实的信息技术基础；选修课程则应根据学生的兴趣和专业需求，提供多样化的信息技术课程选

择，满足学生的个性化发展需求；实践课程则应通过项目实践、课程设计等方式，培养学生的实际操作能力和团队协作能力。

2. 创新教学方法和手段

传统的讲授式教学已经无法满足信息化教学的需求，因此，需要采用更加灵活、多样的教学方法，如项目式教学、探究式教学等。同时，还需要充分利用信息技术手段，如多媒体教学、网络教学等，为学生提供更加丰富、生动的学习资源和学习体验。

3. 建设高素质的师资队伍

构建完善的信息化课程体系，离不开一支高素质的师资队伍。因此，需要加强师资队伍建设，提高教师的信息技术素养和教学能力。具体来说，可以通过组织教师培训、开展教学研讨等方式，提高教师的信息技术应用能力和教学水平；同时，还可以引进优秀的信息技术人才，充实教师队伍，提高整体的教学水平。

4. 完善信息化教学设施和资源

完善信息化教学设施和资源包括建设先进的信息化教室、配备先进的教学设备和软件等。同时，还需要建设丰富的教学资源库，为学生提供多样化的学习资源和学习素材。这些设施和资源的完善，将有力地支撑信息化教学的开展，提高教学效果和质量。

随着信息技术的不断发展和应用，信息化课程体系也需要不断更新和优化。因此，需要建立课程体系的持续更新机制，及时将新技术、新应用引入课程体系中，保持课程体系的先进性和时效性。同时，还需要根据学生的反馈和需求，不断优化课程结构和教学内容，提高课程体系的适应性和针对性。构建完善的信息化课程体系是一项复杂而重要的任务。只有将明确构建目标、优化课程结构、创新教学方法和手段、加强师资队伍建设、完善教学设施和资源以及注重课程体系的持续更新和优化等方面的工作都做好，才能构建出真正符合时代需求、能够培养出具备信息素养和创新能力的未来人才的信息化课程体系。

(二) 提升教师的教学能力

1. 更新教育观念

提升教师的教学能力，首先要从深化教学理念、更新教育观念开始。传统的教育模式已经难以适应新时代的教育需求，因此，教师需要摒弃过时的教学观念，积极接受新的教育理念。这包括以学生为中心的教学观、全面发展的教育观以及注重创新和实践的教育观等。通过更新教育观念，教师能够更好地把握教育的本质和目标，从而更有效地提升教学能力。

2. 加强专业知识学习，提高学科素养

教师的专业知识水平和学科素养是提升教学能力的基础。因此，教师需要不断加强专业知识学习，提高学科素养。这包括深入钻研学科知识、了解学科前沿动态、掌握学科教学方法和技巧等。同时，教师还需要关注跨学科知识的融合，拓宽自己的知识视野，为学生提供更加全面、丰富的教育资源。

3. 掌握各种教学技能

教学技能是教师教学能力的核心。教师需要掌握各种教学技能，如课堂管理能力、教学设计能力、教学组织能力、教学评价能力等[1]。同时，教师还需要根据学科特点和学生需求，创新教学方法和手段。例如，可以采用启发式教学、案例教学、情境教学等方法，激发学生的学习兴趣和主动性；也可以利用多媒体教学、网络教学等现代化教学手段，提高教学效果和质量。

---

[1] 彭钢：《高质量发展背景下的课程与教学改革》，《江苏教育》2023年第18期。

4. 积极参与教学实践

实践是提升教学能力的关键。教师需要积极参与教学实践，通过实践锻炼提高自己的教学能力。例如，可以参加教学比赛、教学观摩等活动，学习他人的优秀教学经验和方法；也可以自己组织教学实践活动，如课外辅导、社团指导等，积累丰富的教学实践经验。同时，教师还需要不断反思自己的教学实践，总结经验教训，不断改进教学方法和手段。

5. 加强师德修养

教师的师德修养也是提升教学能力的重要因素。一个具有良好师德修养的教师，不仅能够赢得学生的尊重和信任，还能够激发学生的学习热情和积极性。因此，教师需要加强师德修养，树立良好形象。这包括遵守职业道德规范、关爱学生、尊重学生、公正评价学生等。同时，教师还需要注重自身形象的塑造，如仪表端庄、言语文明、举止得体等。

6. 增强团队合作与交流

教师之间的团队合作与交流也是提升教学能力的重要途径。通过团队合作与交流，教师可以相互学习、相互借鉴、相互支持，共同提升教学能力。因此，教师需要积极参与教研活动、教学研讨会等活动，与同行交流教学经验和方法；也可以组建教学团队或教研组，共同开展教学研究和实践活动。

提升教师的教学能力是一个长期而复杂的过程。需要教师从多个方面入手，不断学习、不断实践、不断创新、不断提升。只有这样，才能真正培养出适应时代需求、具备卓越教育能力的优秀教师。

（三）优化教育资源配置

教育资源的优化配置是教育事业发展的基础。教育资源包括师资力量、教学设施、教育经费等多个方面，这些资源的合理配置直接关系到教育的质量和效果。如果教育资源分配不均，就会导致一些地区和学校的教育资源匮乏，而另一些地区和学校则资源过剩，造成教育的不公平现象。因此，优化教育资源配置，实现资源的均衡分配，是确保教育公平和提高教育质量的关键。

1. 增加教育资源投入

优化教育资源配置的首要任务是增加教育资源投入。政府应加大对教育的投入力度，提高教育经费在财政支出中的比重，确保教育经费的稳定增长。同时，还应拓宽教育经费的来源渠道，鼓励社会各界参与教育投入，形成多元化的教育经费筹措机制。在增加投入的同时，还要注重提高教育资源的使用效率，避免浪费和重复建设，确保每一分钱都花在刀刃上。

2. 优化师资力量配置

师资力量是教育资源的重要组成部分。优化师资力量配置，提高教师素质，对于提高教育质量具有重要意义。首先，要加强教师队伍建设，提高教师的专业水平和教育教学能力。通过加强教师培训、引进优秀人才等方式，打造一支高素质、专业化的教师队伍。其次，要优化教师资源配置，实现城乡、区域、学校之间的教师资源均衡分配。通过实施教师交流、支教、轮岗等制度，促进教师资源的合理流动和共享。

3. 完善教育设施配置

教育设施是保障教学质量的重要物质基础。完善教育设施配置，改善学习环境，是提高教育质量的重要途径。首先，要加强学校基础设施建设，提高学校硬件水平。通过新建、改建、扩建等方式，改善学校的教室、实验室、图书馆等教学设施条件。其次，要加强学校信息化建设，提高教育信息化水平。通过建设数字化校园、推广在线教学等方式，为学生提供更加丰富、便捷的学习资源和学习方式。

4. 优化教育资源配置

优化教育资源配置的最终目的是实现教育公平。因此，在优化教育资源配置的过程中,要注重资源的均衡分配。通过制定科学的教育资源配置政策,确保城乡、区域、学校之间的教育资源均衡分配。同时,还要关注弱势群体和特殊群体的教育需求,为他们提供更加优质的教育资源和服务。

5. 建立科学的评估机制

为了推动教育资源的优化配置,需要建立科学的评估机制。通过对教育资源的使用情况进行定期评估和分析,了解资源配置的效果和存在的问题,为后续的资源配置提供科学依据。同时,还要加强对教育资源配置的监督和检查,确保各项政策措施得到有效落实和执行。

优化教育资源配置是促进教育公平和提高教育质量的重要手段。需要从多个方面入手,如加强教育资源投入、优化师资力量配置、完善教育设施配置、注重教育资源的均衡分配等,从而推动教育资源的优化配置和教育事业的健康发展。如图4-1所示。

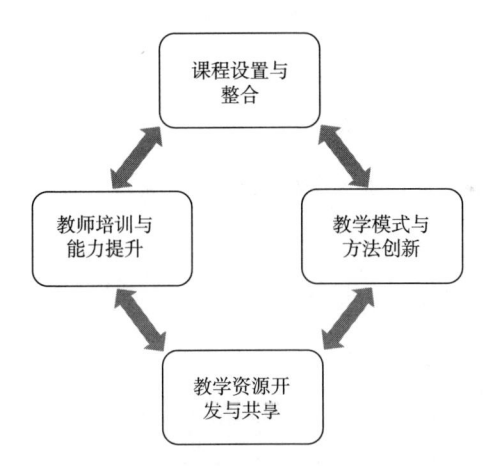

图4-1 教育信息化课程体系重构与优化的策略

三、教育信息化课程体系重构与优化的策略

在当前数字化时代,教育信息化课程体系的重构与优化是提升教育质

量的关键策略之一。这一过程涉及教学模式的创新，教师角色的转变，以及学习环境的改善。首先，教育信息化要求教师不仅仅是知识的传递者，更要成为学生学习的引导者和伙伴。这意味着教师需要具备信息技术的应用能力，以及将这些技术融入教学设计的能力。其次，教学内容的选择应围绕学科核心概念组织，利用数字技术促进教学内容的结构化，以及学生对核心概念的深度理解。最后，教育信息化还强调学习过程的个性化和学生主体性的体现。这要求教师能够根据学生的个体差异提供差异化的教学内容和学习路径。同时，数字技术的运用也为学生提供了更丰富的学习资源和工具，有助于学生在真实的情境中进行探究和问题解决。在评价方面，教育信息化倡导全过程的伴随式评价，利用数字技术收集和分析学习数据，以优化教学策略和提高教学效率。

为了实现这些目标，教育信息化课程体系的重构与优化需要从多个层面进行考虑。首先是课程设计，它需要整合信息技术，以支持学生的全面发展和核心素养的培养。其次是教学实施，这包括线上线下融合的混合式教学，以及以学生为中心的教学模式的实践。最后，教师专业发展也是重构课程体系的关键，需要通过持续的培训和实践，提升教师的信息化教学能力。

教育信息化课程体系的重构与优化是一个系统工程，它要求教育者、政策制定者和技术专家共同努力，以实现教育质量的持续提升和学生能力的全面发展。通过这样的策略，可以培养出更适应未来社会需求的学生，具备批判性思维、创新能力和终身学习的能力。

四、教育信息化课程体系重构与优化的实施效果

（1）学生信息素养和创新能力得到提高。通过重构与优化的信息化课程体系，学生可以获得更多元化、个性化的学习资源和方式，从而提高学

生的信息素养和创新能力。同时，新型教学模式和方法的运用也可以激发学生的学习兴趣和参与度。

（2）教师教学能力得到提升。加强教师信息技术应用能力培训可以提高教师的信息素养和教学能力，使教师能够更好地运用信息技术进行教学设计、教学资源开发、教学评价等方面的工作。这将有助于提高教育教学的质量和效益。

（3）教育资源利用效率和质量得到提高。通过教育信息化课程体系的重构与优化可以实现教育资源的优化配置和共享，提高教育资源的利用效率和质量。这将有助于解决教育资源分配不均、利用效率低下等问题，推动教育公平和可持续发展。

教育信息化课程体系的重构与优化是教育信息化建设的重要一环，在培养学生的信息素养、提升教师的教学能力、优化教育资源配置等方面具有重要意义。通过本节的探讨可以看出，教育信息化课程体系的重构与优化需要从课程设置与整合、教学模式与方法创新、教学资源开发与共享以及教师培训与能力提升等方面入手，形成具有特色的信息化课程体系和教学模式。同时还需要注重实践探索和经验总结，不断完善和优化教育信息化课程体系以适应信息化时代的教育发展需求。展望未来，随着信息技术的不断发展和教育改革的深入进行，教育信息化课程体系重构与优化将继续深入推进，为实现教育现代化和提高教育质量做出更大的贡献。

第二节　教学方法与手段的创新

一、教育信息化项目式学习法的内涵

教育信息化项目式学习法顾名思义就是将信息化技术应用于项目式学

习中的一种教学方法。它以学生为中心,通过教师引导,让学生在具体项目实践中,运用所学知识和技能,解决实际问题,从而培养学生的创新能力和实践能力。

具体来说,教育信息化项目式学习法包含以下几个方面的内涵。

(1) 信息化技术的应用。在教学过程中,充分利用信息化技术,如互联网、多媒体、大数据等,为学生提供丰富的学习资源和便捷的学习工具,使学习过程更加生动、形象、直观[1]。

(2) 项目式学习的实施。将学习过程划分为若干个具体项目,每个项目都围绕一个实际问题展开。学生在教师的指导下,通过自主学习、合作探究、实践操作等方式,完成项目任务,从而掌握知识和技能。

(3) 学生主体性的发挥。在项目式学习中,学生成为学习的主体,他们需要主动思考、积极探究、勇于实践。教师需要关注学生的学习过程,及时给予指导和帮助,促进学生的全面发展。

二、教育信息化项目式学习法的实践探索

在教育信息化项目式学习法的实践过程中,需要关注以下几个方面。

(1) 项目选题与设计。项目选题应具有实际意义和可操作性,能够激发学生的学习兴趣和探究欲望。同时,项目设计应充分考虑学生的知识水平和能力基础,确保学生在完成项目过程中能够有所收获。

(2) 信息化资源的整合。在项目实施过程中,需要充分利用信息化资源,如网络课程、电子教材、在线测试等。这些资源能够为学生提供便捷的学习支持,帮助他们更好地完成项目任务。

(3) 教师角色的转变。在项目式学习中,教师需要从传统的知识传授

---

[1] 曹务芳:《教育信息化时代2.0优化教师专业成长发展》,《现代职业教育》2020年第20期。

者转变为学生的引导者和协作者。他们需要关注学生的学习过程，提供必要的指导和帮助，同时鼓励学生自主探究、勇于创新。

(4) 学习评价的优化。项目式学习注重学生的实践能力和创新能力的发展，因此，学习评价也应注重学生的过程性评价和表现性评价。教师可以通过观察学生的项目完成情况、团队合作情况、创新成果等方面，对学生进行全面、客观的评价。

三、教育信息化项目式学习法的意义与价值

在数字化时代背景下，教育信息化项目式学习法的意义与价值不容忽视。这种学习法强调利用数字技术优化教育资源供给，实现教育的个性化和精准化，从而更好地培养具有创新精神和创业能力的人才。通过项目式学习，学生能够在实践中学习和应用知识，这不仅有助于提高他们解决实际问题的能力，还能激发他们的创新思维和创业意识。在这一过程中，教育信息化不仅仅是技术的应用，更是一种全新的教育理念和教学模式的转变。

教育信息化项目式学习法的实施，可以促进学生个性化发展，满足他们多元化的学习需求。这种方法鼓励学生主动探索，自主学习，通过项目的完成来实现知识的内化和技能的提升。同时，教师的角色也由传统的知识传授者转变为学习引导者和资源整合者。在这个过程中，教育信息化为教师提供了丰富的教学资源和工具，使他们能够更有效地支持学生的学习。此外，教育信息化项目式学习法还能够促进教育资源的均衡分配。通过网络平台，优质的教育资源可以跨越地域限制，惠及更多学生。这不仅有助于缩小城乡教育差距，也为学生提供了更广阔的学习视野和更多样的学习机会。数字化教育资源的共享和开放，也促进了教育的社会化和生活化，使学习不再局限于课堂，而是融入学生的日常生活中。总之，教育信

息化项目式学习法是适应数字化时代教育发展需求的重要举措。它不仅能够提高教育质量和效率，还能够培养学生的创新能力和创业精神，为他们未来的发展奠定坚实的基础。随着教育信息化的不断深入，这种学习法的意义和价值将会得到更广泛的认可和应用。

四、教育信息化翻转课堂的意义与价值

教育信息化翻转课堂，简言之就是将信息技术与翻转课堂的教学模式相结合，形成的一种新型教学模式。翻转课堂❶，又称为"颠倒课堂"，是一种将传统课堂中的知识传授和知识内化两个阶段进行颠倒的教学模式。在翻转课堂中，学生在课前通过观看教学视频、阅读电子资料等方式，自主完成知识的获取和预习；而在课堂上，教师则主要进行知识的深化、拓展和讨论，以及学生之间的交流和互动。教育信息化翻转课堂则在此基础上，充分利用信息技术手段，为翻转课堂提供了更加丰富、高效的教学资源和支持。

1. 教育信息化翻转课堂的特点

（1）信息化手段的运用。教育信息化翻转课堂充分利用信息技术手段，如多媒体教学、在线学习平台、大数据分析等，为翻转课堂提供了便捷、高效的教学支持。教师可以通过在线平台发布预习资料、监控学生的学习进度、收集学生的学习反馈等，从而更加精准地把握学生的学习需求和问题。

（2）学生主体性的发挥。教育信息化翻转课堂强调学生的主体性和自主性。在课前预习阶段，学生可以根据自己的时间和节奏，自主安排学习进度和内容；在课堂上，学生则可以通过讨论、合作、展示等方式，积极参与课堂活动，发挥自己的创造力和想象力。

---

❶ 万军、屈霞：《面向创新能力培养的"城市轨道交通综合监控"课程教学改革》，《科技风》2022年第33期。

（3）教学效果的提升。教育信息化翻转课堂通过翻转传统的教学模式，使知识传授和知识内化两个阶段更加紧密地结合在一起。学生在课前已经完成了对基础知识的获取和预习，因此在课堂上可以更加深入地探讨和拓展知识内容，从而提高了教学效果和学习效率。

2. 教育信息化翻转课堂的意义

（1）推动教育信息化发展。教育信息化翻转课堂是教育信息化发展的重要体现之一。通过信息技术的运用，翻转课堂实现了教学资源的数字化、网络化和智能化，为教育信息化提供了有力的支持。

（2）促进学生全面发展。教育信息化翻转课堂注重学生的主体性和实践性，通过自主学习、合作学习等方式，培养了学生的自主学习能力和团队协作能力；同时，通过讨论、展示等方式，激发了学生的创造力和想象力，促进了学生的全面发展。

（3）提高教学效果和学习效率。提高学习效率。教育信息化背景下的翻转课堂优化了教学流程，有效融合知识传授与知识内化环节。教师可以将更多精力投入到促进学生对知识的深度理解与应用中，学生通过课前自主学习与课堂深度互动，从而提高教学效果与学习效率。

3. 教育信息化翻转课堂的价值

教育信息化翻转课堂作为数字化创业教育的一种新模式，其价值在于能够更好地适应当代教育的需求，提高教育质量和效率。这种模式通过利用信息技术，实现了教学内容的个性化和学习过程的灵活性，从而使学生能够根据自己的节奏和兴趣进行学习，增强了学习的主动性和参与度。同时，翻转课堂促进了教师角色的转变，教师从传统的知识传递者转变为学习引导者和问题解决者，这有助于培养学生的批判性思维和解决问题的能力。在数字化创业教育中，翻转课堂的应用不仅提升了教育资源的利用效率，还促进了教育公平，使得优质教育资源能够惠及更广泛的学生群体。

此外，翻转课堂还为教育管理和决策提供了数据支持，通过收集和分析学生的学习数据，教师可以更准确地了解学生的学习状况，及时调整教学策略和内容，实现精准教育[1]。总的来说，教育信息化翻转课堂的价值在于它能够促进教育模式的创新，提高教育质量，实现教育资源的优化配置，为数字时代的教育改革和创新提供了新的思路和方法。

五、教育信息化手段的创新

多媒体教学是指利用计算机、投影仪、音响等多媒体设备，将文字、图像、声音、动画等多种信息形式有机结合，进行教学活动的一种现代教学手段。它打破了传统教学中单一的信息传递方式，使教学内容更加丰富多彩，更加符合学生的认知规律。

1. 多媒体教学的特点

（1）直观性。多媒体教学通过图像、声音、动画等多种形式展示教学内容，使学生能够更加直观地理解和掌握知识点，提高学习兴趣和积极性。

（2）生动性。多媒体教学可以模拟真实场景，让学生在虚拟环境中进行实践操作，增强学习的趣味性和实践性。

（3）互动性。多媒体教学支持学生与教师之间的实时互动，学生可以通过回答问题、参与讨论等方式积极参与课堂活动，提升学习效果。

2. 教育信息化手段的创新与多媒体教学

（1）教学资源的创新。教育信息化手段使得教学资源的获取和共享更加便捷。教师可以通过在线教育平台、数字图书馆等途径获取丰富的教学资源，为学生提供更加多样化的学习材料。同时，学生也可以通过在线学

---

[1] 龚朝晖：《信息技术支持下的英语混合式课堂教学模式探究》，《新西部》2019年第29期。

习平台自主获取学习资料，进行自主学习和探究。

（2）教学方法的创新。教育信息化手段为多媒体教学提供了更多的教学方法和手段。教师可以通过多媒体教学软件、虚拟实验室等工具，设计更加生动、有趣的教学活动，激发学生的学习兴趣和创造力。同时，学生也可以通过在线交流、协作学习等方式，提高团队协作能力和沟通能力。

（3）教学评估的创新。教育信息化手段使得教学评估更加科学、客观。教师可以通过在线测试、作业提交等方式收集学生的学习数据，利用大数据技术进行分析和挖掘，全面了解学生的学习情况和需求。同时，学生也可以通过自我评估、互评等方式反思自己的学习成果和不足，促进自我提升和发展。

随着技术的不断进步和教育理念的更新，多媒体教学将继续在教育领域发挥重要作用。未来，多媒体教学将更加注重个性化教学和智能化教学的发展。个性化教学将根据学生的学习特点和需求，提供定制化的学习方案和资源；智能化教学则将利用人工智能等技术手段，实现教学过程的自动化和智能化管理。这些创新将使得多媒体教学更加符合现代教育的发展趋势和需求。

3. 在线学习平台

在线学习平台是指利用互联网技术和数字化资源，为学生提供在线学习、互动交流、作业提交、课程管理等服务的教育平台。它打破了时间和空间的限制，使得学生能够随时随地接入平台，享受高质量的教育资源和服务。

在线学习平台的特点主要体现在以下几个方面。

（1）灵活性与便捷性。在线学习平台允许学生根据自己的时间安排和学习进度进行学习，无须固定地点和固定时间，极大地提高了学习的灵活性和便捷性。

（2）丰富的教学资源。在线学习平台汇聚了来自全球各地的优质教育资源，包括课程视频、教学课件、学习资料等，为学生提供了丰富多样的学习选择。

（3）互动性与社交性。在线学习平台支持学生与教师、同学之间的实时互动交流，学生可以通过论坛、聊天室、学习小组等方式进行学术讨论和协作学习，增强学习的互动性和社交性。

4. 教育信息化手段的创新与在线学习平台

教育信息化手段的创新为在线学习平台的发展提供了强有力的支持。通过引入云计算、大数据、人工智能等先进技术，在线学习平台在教学内容、教学方法、学习体验等方面实现了创新。

（1）个性化学习体验。在线学习平台利用大数据和人工智能技术，对学生的学习行为、兴趣爱好、学习能力等进行深入分析，为学生提供个性化的学习建议，使学习过程更加符合个人的需求和特点。

（2）智能化教学管理。在线学习平台通过智能化技术，实现了教学过程的自动化和智能化管理。教师可以轻松创建和管理课程、发布作业、组织考试等；学生可以方便地查看课程进度、提交作业、参与讨论等。这种智能化教学管理大大提高了教学效率和学习效果。

（3）多元化的学习方式。在线学习平台支持多种学习方式，包括视频教学、音频教学、图文结合教学等。学生可以根据自己的学习习惯和偏好选择适合自己的学习方式，提升学习的趣味性和效果。

随着技术的不断进步和教育理念的更新，在线学习平台将继续在教育领域发挥重要作用。未来，在线学习平台将更加注重用户体验和教学质量的提升，实现更加智能化、个性化和高效化的教学服务。同时，随着5G、物联网等技术的普及和应用，在线学习平台将与更多领域进行深度融合和创新发展，为学生提供更加丰富多样的学习资源和体验。

5. 虚拟现实（VR）与增强现实（AR）技术

教育信息化旨在通过信息技术手段提升教育教学的效率和质量，而虚拟现实与增强现实技术则是这一过程中的重要工具。VR 技术能够创建出逼真的虚拟环境，让学生身临其境般地体验学习内容；而 AR 技术则可以将虚拟信息叠加到真实世界中，让学生在保持与现实世界联系的同时，获得更多有用的信息。这两种技术的结合，为教育信息化提供了更加丰富多样的教学手段和资源。

在教育领域，VR 技术的应用已经逐渐普及。通过 VR 技术，教师可以创建出各种虚拟场景，让学生在模拟的环境中进行实践操作和探究。例如，在医学教育中，VR 技术可以模拟手术过程，让学生在虚拟环境中进行手术操作练习；在地理教育中，VR 技术可以创建出逼真的地球模型，让学生直观了解地球的构造和地理现象。此外，VR 技术还可以用于远程教育、特殊教育等领域，为学生提供更加灵活多样的学习方式。

与 VR 技术相比，AR 技术在教育中的应用更加注重真实与虚拟的融合。通过 AR 技术，学生可以在真实世界中看到虚拟信息的叠加，从而更加深入地了解学习内容。例如，在博物馆教育中，AR 技术可以将展品的历史背景、制作工艺等信息以图像、文字等形式叠加在展品上，让游客在欣赏展品的同时，了解展品背后的故事；在科学教育中，AR 技术可以将抽象的科学概念以直观、生动的形式呈现出来，帮助学生更好地理解和掌握知识。此外，AR 技术还可以用于课程设计、教学评价等方面，为教育教学提供更加便捷高效的支持。VR 与 AR 技术的融合，将为教育带来更加丰富的教学手段和体验。一方面，VR 技术可以创建出逼真的虚拟环境，为学生提供身临其境的学习体验；另一方面，AR 技术可以将虚拟信息叠加到真实世界中，让学生在保持与现实世界联系的同时，获得更多有用的信息。这种融合不仅可以让学生获得更加全面深入的学习体验，还可以提高学生的学习兴趣和参与度。

教育信息化浪潮中的虚拟现实与增强现实技术，为教育领域带来了前所未有的机遇和挑战。随着技术的不断发展和应用的不断拓展，VR与AR技术将在教育中发挥越来越重要的作用。未来，有理由相信，VR与AR技术将与其他教育技术相互融合，共同推动教育信息化的深入发展，为培养更多优秀人才作出更大的贡献。

6. 大数据与人工智能辅助教学

在教育信息化中，大数据发挥着至关重要的作用。通过对海量教育数据的收集、整理和分析，可以深入了解学生的学习习惯、兴趣爱好、能力水平等方面的信息。这些数据不仅可以帮助教师更好地把握教学重点和难点，还可以为教育决策提供更加科学的依据。

大数据在教学管理中的应用日益广泛。学校可以通过分析学生的学习成绩、出勤率、课堂参与度等数据，评估教师的教学效果，及时调整教学策略。同时，大数据还可以帮助学校优化资源配置，提高教学设施的利用率，降低教育成本。

大数据在个性化学习中的应用也越来越受到关注。通过对学生学习数据的深入挖掘和分析，教师可以为每个学生制定个性化的学习计划，提供符合其能力水平和兴趣爱好的学习资源。这种教学方式不仅可以提高学生的学习兴趣和积极性，还可以促进学生的全面发展。人工智能作为一种强大的技术手段，正在为教育带来前所未有的变革。通过模拟人类智能的某些功能，人工智能可以辅助教师完成一些繁琐、重复的教学任务，为教师腾出更多的时间和精力去关注学生的个性化需求。人工智能在智能教学系统中的应用日益广泛。这些系统可以根据学生的学习进度和能力水平，自动调整教学内容和难度，为学生提供更加精准、个性化的学习体验。同时，智能教学系统还可以根据学生的反馈和表现，为教师提供及时、有效的教学建议。人工智能在智能评价中的应用也受到了广泛关注。传统的评价方式往往依赖于教师的经验和主观判断，难以全面、客观地评价学生的学习成果。而人工智能可以通过自然语言处理、图像识别等技术手段，对学生的作业、试卷等进行自动批改和评分，为教师提供更加客观、准确的评价依据。

大数据和人工智能技术在教育领域的应用并不是孤立的，它们之间存在着密切的联系并且相互促进发展。大数据为人工智能提供了丰富的数据资源和应用场景，而人工智能则为大数据的分析和应用提供了强大的技术支持。这种深度融合不仅可以提高教育信息化的水平和效率，还可以为教育创新提供更加广阔的空间和可能性。随着技术的不断发展和应用的不断拓展，大数据和人工智能将在教育领域发挥更加重要的作用。它们将与其他教育技术相互融合、相互促进，共同推动教育信息化向纵深发展，为培养更多优秀人才做出更大的贡献。

六、教育信息化教学方法与手段创新的意义

（一）提高教学质量和效率

教育信息化教学方法与手段的创新能够为学生提供更加丰富、高效的学习体验和资源支持，从而提高教学质量和效率。这些创新的教学方法与手段能够激发学生的学习兴趣和积极性，提高学生的自主学习能力和实践能力；同时也能够减轻教师的教学负担，提高教学效率。

（二）促进教育公平

教育信息化教学方法与手段的创新能够突破时间和空间的限制，为广大学生提供更加灵活、便捷的学习方式。这些创新的教学方法和手段使得优质的教育资源得以更广泛地传播和共享，从而有助于缩小教育差距，促进教育公平。

(三) 推动教育改革和发展

教育信息化教学方法与手段的创新是教育改革和发展的重要驱动力。这些方法和手段创新的教学能够推动教育模式的转变和教学理念的更新，促进教育教学的现代化和科学化。同时，这些创新还能够为教育研究和实践提供新的思路和方法，推动教育事业的持续发展。

第三节　实践教学与产学研结合

随着信息技术的迅猛发展，教育信息化已成为推动教育现代化进程的关键力量。实践教学作为教育体系中的重要组成部分，对于培养学生的实践能力和创新精神具有至关重要的作用。同时，产学研结合作为推动科技创新和产业发展的有效模式，也为教育信息化实践教学提供了新的思路。本节旨在探讨教育信息化实践教学与产学研结合的深度融合，以期为教育教学的改革与创新提供有益的思考和借鉴，如图4-2所示。

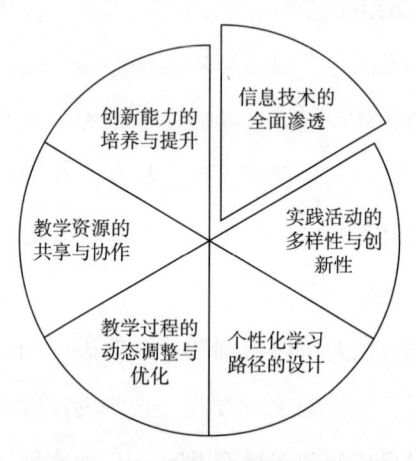

图4-2　教育信息化实践教学的内涵

一、教育信息化实践教学的内涵与意义

教育信息化实践教学,是指在信息技术环境下,通过设计、实施和管理各种实践活动,培养学生的实践能力和创新精神的教育过程。这种教学模式强调学生的主体性和实践性,注重学生的动手能力和问题解决能力的培养。教育信息化实践教学的内涵包括以下几个方面。

(一) 信息技术的全面渗透

教育信息化实践教学的首要特征就是信息技术的全面渗透。在现代教学环境中,计算机、网络、多媒体等信息技术手段已经成为不可或缺的教学工具。这些技术不仅为教师提供了丰富的教学资源和多样的教学手段,还为学生提供了更加便捷、高效的学习途径。例如,教师可以通过网络平台发布教学资源、布置作业、组织讨论等,而学生则可以通过在线学习、远程交流等方式获取知识和信息。

(二) 实践活动的多样性与创新性

教育信息化实践教学注重实践活动的多样性与创新性。这种教学模式强调学生的主体性和实践性,鼓励学生通过参与各种实践活动来探究知识、解决问题。这些实践活动可以是课堂内的实验操作、案例分析、小组讨论等,也可以是课堂外的社会实践、志愿服务、科研活动等。这些活动不仅有助于培养学生的实践能力和创新精神,还有助于提高学生的综合素质和社会责任感。

(三) 个性化学习路径的设计

教育信息化实践教学强调个性化学习路径的设计。在信息技术环境下,教师可以通过分析学生的学习数据、兴趣爱好、能力水平等信息,为每个学生制定个性化的学习计划和学习路径。这种个性化的学习方式可以让学生更加自主地选择学习内容和学习方式,从而激发他们的学习兴趣和

积极性。同时，个性化学习也有助于提高学生的学习效率和成果，促进他们的全面发展。

（四）教学过程的动态调整与优化

教育信息化实践教学还注重教学过程的动态调整与优化。在信息技术环境下，教师可以通过收集和分析学生的学习数据和教学反馈，及时了解学生的学习情况和学习效果。根据这些信息，教师可以对教学内容、教学方法、教学进度等进行动态调整和优化，以适应学生的学习需求并提升教学效果。这种动态调整的教学方式有助于实现教学的精准化和高效化。

（五）教学资源的共享与协作

教育信息化实践教学强调教学资源的共享与协作。在信息技术环境下，学校可以建立数字化教学资源库和在线学习平台等教学资源共享平台，为教师和学生提供丰富的教学资源和学习支持。同时，学校还可以与其他学校、企业、科研机构等建立合作关系，共同开发优质的教学资源和学习项目。这种共享与协作的教学方式有助于实现教学资源的优化配置和高效利用。

（六）创新能力的培养与提升

教育信息化实践教学的最终目标是培养学生的创新能力。在信息技术环境下，学生可以通过参与各种实践活动和科研项目来锻炼自己的创新思维和实践能力。同时，教师也可以通过探究问题、解决问题等方式来培养学生的创新精神和创造力。这种创新能力的培养与提升是教育信息化实践教学的重要目标之一。

二、教育信息化实践教学的意义

（一）提高教育质量

在传统的课堂教学中，教师往往只能依靠单一的教材和有限的教学资源进行教学，难以满足学生多样化的学习需求。而教育信息化实践教学则打破了这一限制，通过引入信息技术手段，教师可以获取更加丰富、多元的教学资源，设计更加生动、有趣的教学活动，从而激发学生的学习兴趣和积极性。同时，教育信息化实践教学还注重学生的主体性和实践性，鼓励学生通过参与实践活动来探究知识、解决问题，这不仅有助于培养学生的实践能力和创新精神，还有助于提升学生的学习效果和学习质量。

（二）培养学生的综合素质

在信息技术环境下，学生需要掌握更多的信息技能和知识，以应对日益复杂多变的社会环境。教育信息化实践教学正是通过引入信息技术手段，培养学生的信息素养、实践能力、创新精神和团队合作精神等综合素质。这种综合素质的培养不仅有助于学生更好地适应未来社会发展的需要，还有助于学生实现个人价值的最大化。

（三）推动教育公平

在传统的教育模式中，由于地域、经济、文化等因素的限制，不同地区、不同学校之间的教育资源分布不均衡，导致教育机会的不平等。而教育信息化实践教学则通过引入信息技术手段，打破了地域和时间的限制，使得优质的教育资源得以广泛传播和共享。这种教育资源的共享不仅有助于缩小不同地区、不同学校之间的教育差距，还有助于为更多学生提供平等的教育机会，促进教育公平的实现。

（四）促进社会进步

在信息时代，信息技术已经渗透到社会的各个领域，成为推动社会发展的重要力量。教育信息化实践教学正是通过培养具备信息技术素养和实践能力的人才，为社会的发展提供有力的人才支撑。同时，教育信息化实践教学还注重培养学生的创新精神和实践能力，这些能力对于推动科技创新、促进产业升级、提升国家竞争力等方面都具有重要意义。因此，教育信息化实践教学的推广和应用不仅有助于促进教育事业的发展，还有助于推动社会的全面进步。

教育信息化实践教学的意义在于提高教育质量、培养学生的综合素质、推动教育公平和促进社会进步等。随着信息技术的不断发展和应用领域的不断拓展，教育信息化实践教学将会发挥更加重要的作用，为教育事业的发展和社会的进步作出更大的贡献。

三、产学研结合的内涵

产学研结合是指产业界、学术界和科研机构之间的紧密合作和互动，通过共同研发、人才培养、技术转移等方式，推动科技创新和产业发展。产学研结合的内涵包括以下5个方面。

（一）资源共享与优化配置

产学研结合的首要内涵在于资源的共享与优化配置。产业界拥有市场洞察、资金支持和生产实践经验，而学术界和科研机构则拥有深厚的科研积累、前沿的技术成果和丰富的人才资源。通过产学研结合，三方可以相互共享这些资源，实现优势互补，共同推动科技创新和产业升级。例如，企业可以借助科研机构的科研成果，加速产品升级和技术创新；而科研机构则可以通过企业提供的市场需求，明确研究方向，提高科研成果的实用性。

（二）科研与产业需求的紧密结合

产学研结合的内涵还体现在科研与产业需求的紧密结合上。传统的科研往往与市场脱节，导致科研成果难以转化为实际生产力。而产学研结合则通过搭建产业界、学术界和科研机构之间的桥梁，让科研更加贴近市场需求，让市场需求引导科研方向。这样不仅可以提高科研成果的转化率，还可以促进产业升级和经济发展。

(三) 人才培养与产业需求的对接

产学研结合在人才培养方面也具有重要内涵。通过产学研结合，学校可以更加深入地了解市场需求和产业发展趋势，从而调整人才培养方案，使人才培养更加符合市场需求。同时，企业也可以参与到学校的人才培养过程中来，为学生提供实习、实训等实践机会，帮助学生更好地掌握实际技能和工作经验。这种对接不仅可以提高人才培养的质量，还可以促进人才就业和产业发展。

(四) 技术创新与产业升级的推动

产学研结合的内涵还体现在技术创新和产业升级的推动上。通过产学研结合，产业界、学术界和科研机构可以共同开展技术研发和创新活动，推动新技术、新工艺和新产品的不断涌现。这些新技术、新工艺和新产品的应用不仅可以提高产业的技术水平和竞争力，还可以推动产业的升级和转型。同时，产学研结合还可以促进科技成果的转化和应用，将科研成果转化为实际生产力，推动经济的持续发展。

(五) 合作机制的建立与完善

产学研结合的内涵还包括合作机制的建立与完善。通过建立有效的合作机制，产业界、学术界和科研机构可以形成紧密的合作关系，共同推动科技创新和产业发展。这种合作机制可以包括合作研发、技术转移、人才培养等多个方面，以确保各方在合作中能够充分发挥各自的优势，实现互利共赢。同时，合作机制的完善还可以促进各方之间的信任和沟通，为合作的顺利进行提供有力保障。

产学研结合的内涵丰富而深远，涵盖了资源共享、科研与产业需求的结合、人才培养与产业需求的对接、技术创新与产业升级的推动以及合作机制的建立与完善等多个方面。这些内涵共同构成了产学研结合的核心价值和意义所在。

四、产学研结合的模式

(一) 项目合作模式

项目合作是产学研结合的一种常见模式。在这种模式下，产业界、学术界和科研机构围绕特定的科研项目或技术难题展开合作。企业提出具体的技术需求或问题，高校和科研机构则提供相应的技术支持和解决方案。通过项目的实施，各方共同投入资源，共享研究成果，实现技术突破和产业升级。这种模式具有目标明确、周期短、见效快的特点，适用于解决具体的技术难题和推动科技成果的转化。

(二) 共建研发平台模式

共建研发平台是产学研结合的另一种重要模式。在这种模式下，产业界、学术界和科研机构共同出资、出人、出设备，建设研发平台或实验室。平台或实验室由各方共同管理，共享研发资源，共同开展技术研发和创新活动。这种模式有助于整合各方资源，形成合力，推动技术创新和产业升级。同时，平台或实验室还可以为人才培养提供实践基地，促进学术研究与产业需求的紧密结合。

(三) 人才交流模式

人才交流是产学研结合中不可或缺的一环。在这种模式下，产业界、学术界和科研机构之间通过互派人员、共同培养等方式进行人才交流。企业可以派遣技术人员到高校或科研机构学习新技术、新知识，提高技术水平和创新能力；高校和科研机构则可以派遣教师或研究人员到企业参与实际项目研发，了解市场需求和产业趋势。这种人才交流模式有助于打破知识壁垒，促进知识、技术和经验的共享，推动科技创新和产业升级。

(四) 技术转移模式

技术转移是产学研结合中重要的环节之一。在这种模式下，高校和科研机构将其科研成果或技术成果转让给企业，由企业进行进一步的开发、生产和市场推广。技术转移模式有助于将高校的科研成果转化为实际生产力，推动产业升级和经济发展。同时，企业也可以通过技术转移获得新的技术来源和竞争优势，实现可持续发展。

（五）产学研一体化模式

产学研一体化是产学研结合的高级形式。在这种模式下，产业界、学术界和科研机构之间形成紧密的合作关系，共同构建一体化的科技创新体系。各方在战略规划、资源配置、技术研发、人才培养等方面实现深度融合和协同发展。这种一体化模式有助于打破传统的产学研壁垒，形成创新合力，推动科技创新和产业升级。同时，一体化模式还可以促进知识的快速传播和应用，提高创新效率和质量。

产学研结合的模式具有多样性，包括项目合作模式、共建研发平台模式、人才交流模式、技术转移模式和产学研一体化模式等。这些模式各有特点，适用于不同的合作场景和需求。通过选择合适的产学研结合模式，可以促进产业界、学术界和科研机构之间的紧密合作，推动科技创新和产业升级。

五、教育信息化实践教学与产学研结合的深度融合

教育信息化实践教学与产学研结合的深度融合，是指将教育信息化实践教学与产学研相结合，通过共享资源、优势互补、技术转移等方式，推动教育教学的改革和创新，提高教育质量和学生的实践能力。具体来说，教育信息化实践教学与产学研结合的深度融合可以从以下几个方面入手。

1. 建立共同愿景与目标

教育信息化实践教学与产学研结合的深度融合，首先需要各方建立共同的愿景与目标。教育部门、高校、科研机构、企业等应明确各自在融合过程

中的角色与定位，共同制定发展规划，确立长期合作的战略方向。只有在共同愿景与目标的引领下，各方才能形成合力，推动深度融合的顺利进行。

2. 构建资源共享平台

资源共享是教育信息化实践教学与产学研结合深度融合的基础。通过构建资源共享平台，可以实现教育、科研、产业之间的资源共享和优势互补。平台可以包括教育资源库、科研项目库、企业需求库等，为各方提供丰富的资源支持。同时，平台还可以提供在线交流、协作研发等功能，促进各方之间的沟通与协作。

3. 开展项目合作与研发

项目合作与研发是教育信息化实践教学与产学研结合深度融合的重要途径。通过共同开展科研项目、技术攻关等活动，可以实现教育、科研、产业之间的深度融合。高校和科研机构可以依托其科研实力和人才优势，为企业提供技术支持和解决方案；企业则可以提供市场需求和资金支持，推动科研成果的转化和应用。在项目合作与研发过程中，各方可以共同投入资源、共享成果，实现互利共赢。

4. 推动人才培养与产业对接

人才培养是教育信息化实践教学与产学研结合深度融合的重要目标。通过推动人才培养与产业对接，可以培养符合市场需求的高素质人才。高校和科研机构可以与企业合作，共同制订人才培养方案，为学生提供实习、实训等实践机会，帮助学生更好地掌握实际技能和工作经验。同时，企业也可以为学生提供就业指导、职业规划等服务，促进学生的职业发展。这种人才培养与产业对接的方式，不仅可以提高学生的就业竞争力，还可以为企业输送优秀人才，推动产业升级和经济发展。

5. 建立评价与反馈机制

评价与反馈是教育信息化实践教学与产学研结合深度融合的重要保

障。通过建立评价与反馈机制，可以及时了解融合过程中的问题和不足，为改进工作提供依据。评价与反馈机制可以包括定期评估、问卷调查、座谈会等多种形式，收集各方对融合工作的意见和建议。同时，还需要建立相应的激励机制和奖惩制度，鼓励各方积极参与融合工作，提高融合效果。

教育信息化实践教学与产学研结合的深度融合可以从建立共同愿景与目标、构建资源共享平台、开展项目合作与研发、推动人才培养与产业对接以及建立评价与反馈机制等方面入手。这些方面的融合可以促进教育、科研、产业的协同发展，提高教育质量、促进科研创新、培养创新型人才。

教育信息化实践教学与产学研结合的深度融合是推动教育现代化进程的重要途径之一。通过共享资源、优势互补、技术转移等方式，可以推动教育教学的改革和创新，提高教育质量和学生的实践能力。未来，随着信息技术的不断发展和应用领域的不断拓展，教育信息化实践教学与产学研结合的深度融合将面临更多的机遇和挑战。因此，需要不断探索和实践新的教学模式和方法，加强产学研合作和交流，推动教育教学的创新和发展。

第四节 创业教育质量评价体系构建

随着全球经济的快速发展和科技的日新月异，创业已成为推动经济增长、解决就业问题、促进创新发展的重要途径。在这一背景下，创业教育作为培养创新创业人才的重要手段，受到了越来越多国家的重视。然而，如何有效评价创业教育的质量，确保其能够真正培养出符合社会需求的创新创业人才，成为一个亟待解决的问题。本节旨在探讨创业教育质量评价体系的构建，以期为提升创业教育质量提供理论支持和实践指导。

一、创业教育质量评价体系的意义

创业教育质量评价体系是对创业教育实施效果进行客观、全面、科学评价的重要工具。通过构建创业教育质量评价体系，可以及时了解创业教育的实施情况，发现存在的问题和不足，为改进和优化创业教育提供有针对性的建议。同时，创业教育质量评价体系还可以促进创业教育资源的合理配置，提升创业教育的效率和效果，为培养更多优秀的创新创业人才提供有力保障。

二、创业教育质量评价体系的构建原则

在构建创业教育质量评价体系时，应遵循以下原则。

1. 科学性原则

在构建评价体系时，必须基于科学理论和方法。这意味着需要深入研究创业教育的特点、规律和需求，借鉴国内外先进的评价理论和实践经验，运用科学的方法论和数据分析工具，确保评价体系的客观性、准确性和可靠性。科学性原则要求在评价体系的设计、实施和评估过程中，都要保持严谨的态度，遵循科学的程序和标准，确保评价结果的客观性和公正性。

2. 全面性原则

在构建评价体系时，必须全面考虑创业教育的各个方面。创业教育是一个复杂的系统工程，涉及课程设计、师资力量、实践教学、学生发展等多个方面。因此，在构建评价体系时，需要从多个维度、多个层面出发，全面考虑各种影响因素，确保评价体系的全面性。这要求在设计评价指标

时，要充分考虑各种因素的相互关系和影响，避免遗漏重要问题，确保评价结果的全面性和准确性。

3. 可操作性原则

在构建评价体系时，必须注重评价体系的可实践性和可操作性。评价体系不仅仅是一个理论模型或理论框架，更重要的是要能够在实际中发挥作用，为创业教育实践提供指导。因此，在构建评价体系时，需要充分考虑实际操作的可行性和便利性，确保评价体系易于理解和操作。这要求在设计评价指标和评价方法时，要充分考虑数据的可获得性和可处理性，避免过于复杂或难以操作的评价方法，确保评价体系的实用性和有效性。

4. 导向性原则

在构建评价体系时，必须明确评价体系的导向作用。评价体系不仅仅是对创业教育进行简单的评价或评估，更重要的是要能够引导创业教育的发展方向，促进创业教育的持续改进和优化。因此，在构建评价体系时，需要明确评价体系的导向目标，将评价结果与创业教育的改进和发展紧密结合起来，确保评价体系能够真正发挥导向作用。这要求在设计评价指标和评价方法时，要充分考虑评价结果的导向性和引导性，确保评价结果能够真正反映创业教育的实际情况和需求，为创业教育的改进和发展提供有力支持。

在构建创业教育质量评价体系时，应遵循科学性、全面性、可操作性和导向性原则。这些原则不仅是设计评价体系的基石，也是确保评价体系能够准确反映创业教育质量、指导创业教育实践、推动创业教育发展的重要保障。通过遵循这些原则，可以构建出一个科学、全面、可操作、导向性强的创业教育质量评价体系，为创业教育的持续发展和创新提供有力支持。

三、创业教育质量评价体系的构建内容

(一) 评价目标

创业教育质量评价体系的评价目标,是确保创业教育能够全面、系统、有效地开展,并不断提升其教育质量和效果,以满足社会对创新创业人才的需求。具体而言,评价目标涵盖以下几个方面。

1. 提升创业教育的有效性

评价的首要目标是检验和提升创业教育的有效性。这包括评估创业教育课程是否能够有效提升学生的创新创业能力,以及是否能够有效培养学生的创新创业精神。通过评价,可以发现创业教育中的问题和不足,为改进和优化教育方案提供科学依据,确保创业教育能够真正发挥其应有的效果。

2. 促进学生创新创业能力和精神的培养

创业教育的核心目标是培养学生的创新创业能力和精神。评价体系应关注学生在接受创业教育后的成长和进步,包括他们在创新思维、创业技能、团队协作能力、风险承受能力等方面的提升。同时,评价还应关注学生的创新创业实践成果,如创业项目的策划、实施和运营情况等,以全面反映学生的创新创业能力和精神的培养情况。

3. 关注创业教育的长期发展和社会影响

创业教育不仅关注学生的短期成长,更关注其长期发展和社会影响。因此,评价目标应包括对创业教育长期效果的评估,如学生毕业后的创业率、创业成功率、创业企业的生存状况等。此外,评价还应关注创业教育对社会的影响,如在推动社会创新创业氛围的营造、促进经济增长和就业等方面的贡献。

4. 推动创业教育的持续改进和优化

评价体系的另一个重要目标是推动创业教育的持续改进和优化。通过

评价，应发现创业教育在课程设计、教学方法、师资力量等方面的不足和问题，为改进和优化教育方案提供有针对性的建议。同时，评价还应发现优秀的教育经验和做法，为其他高校或教育机构提供借鉴和参考，推动创业教育的整体提升和发展。

创业教育质量评价体系的评价目标是多方面的、综合性的。它不仅关注创业教育的短期效果，更关注其长期发展和社会影响；不仅关注学生的创新创业能力和精神的培养，更关注创业教育的持续改进和优化。只有明确了这些评价目标，才能构建出一个科学、全面、有效的创业教育质量评价体系。

（二）评价指标

创业教育质量评价体系的评价指标是构建这一体系的核心组成部分，它们为评价创业教育提供了具体的衡量标准和维度。这些指标旨在全面、客观地反映创业教育的质量，以确保其能够培养出具备创新创业精神和能力的学生。

1. 课程与教学评价指标

（1）课程设计的合理性。评估创业教育课程是否涵盖了创新创业所需的理论知识、实践技能以及跨学科知识，确保课程内容的前沿性、系统性和实用性。

（2）教学方法的创新性。考察教师是否采用了创新的教学方法和手段，如案例分析、角色扮演、模拟创业等，以激发学生的学习兴趣和主动性。

（3）实践教学的丰富性。评价创业教育实践教学环节的设置和实施情况，包括实践基地的建设、实践项目的选择、实践教学的管理和评估等，确保学生能够在实践中提升创新创业能力。

2. 师资力量评价指标

（1）教师的专业素养。考察创业教育教师是否具备深厚的专业知识、丰富的教学经验和较高的创新能力，能够为学生提供高质量的教育服务。

（2）教师的创业实践经验。评价教师是否具备创业实践经验，能够为学生提供实用的创业指导和支持，促进学生的创业实践成果转化。

（3）师资团队的协作性。评估创业教育师资团队是否具备良好的协作精神和团队合作能力，能够共同为提升创业教育质量贡献力量。

3. 学生发展评价指标

（1）创新创业能力的提升。评估学生在接受创业教育后是否具备了更强的创新创业能力，包括在创新思维、创业技能、团队协作能力、风险承受能力等方面的提升。

（2）创新创业精神的培养。考察学生是否具备了积极的创新创业精神，包括敢于冒险、勇于探索、不断创新的意识和态度。

（3）创业实践的成果。评价学生的创业实践成果，如创业项目的策划、实施和运营情况，以及创业企业的生存状况和发展前景等，以全面反映学生的创新创业能力和精神的培养情况。

4. 社会影响评价指标

（1）推动社会创新创业氛围的营造。评价创业教育是否有助于推动社会创新创业氛围的营造，如激发学生的创业热情、提升社会的创业意识等。

（2）促进经济增长和就业。评估创业教育是否对经济增长和就业产生了积极影响，如学生的创业项目是否促进了当地经济的发展、增加了就业机会等。

5. 持续改进与优化评价指标

（1）评价反馈的及时性。考察评价体系是否能够及时收集和分析评价数据，为创业教育提供及时的反馈和改进建议。

（2）改进措施的针对性。评价改进措施是否是针对评价中发现的问题和不足进行的制定和实施,确保创业教育能够持续改进和优化。

创业教育质量评价体系的评价指标是一个全面、系统的体系,它涵盖了课程与教学、师资力量、学生发展、社会影响以及持续改进与优化等多个方面。这些指标为评价创业教育提供了具体的衡量标准和维度,有助于全面、客观地反映创业教育的质量。

(三) 评价方法

创业教育质量评价体系的评价方法是指在进行创业教育质量评价时所采用的具体手段、技术和工具。这些评价方法的选择和应用,直接影响到评价结果的准确性、客观性和有效性。以下是对创业教育质量评价体系评价方法的扩展描述。

1. 定量评价法

定量评价法主要通过收集和分析量化的数据来评价创业教育的质量。这种方法可以客观、精确地反映创业教育的某些方面,如学生的创业项目数量、创业成功率、创业企业的盈利情况等。常用的定量评价法包括。

(1) 统计分析法。利用统计学原理和方法,对创业教育相关数据进行处理和分析,揭示其内在的规律和趋势。

(2) 问卷调查法。通过设计问卷,收集学生和教师对创业教育的看法和意见,利用统计软件对问卷数据进行分析,以了解创业教育的实施效果。

2. 定性评价法

定性评价法主要通过深入访谈、观察、案例分析等方式,对创业教育进行非量化的评价。这种方法可以获取更加全面、深入的评价信息,有助于发现创业教育中的问题和不足。常用的定性评价法包括。

(1) 访谈法。通过与创业教育教师、学生、创业者等进行深入访谈,了解他们对创业教育的看法和感受,获取第一手资料。

（2）观察法。通过实地观察创业教育的实施过程，如课堂教学、实践教学、创业项目孵化等，以直观的方式了解创业教育的实际状况。

（3）案例分析法。通过对典型的创业案例进行深入剖析，了解创业教育的成功经验和教训，为其他创业项目提供借鉴和参考。

3. 综合评价法

综合评价法是将定量评价法和定性评价法相结合，对创业教育进行全方位、多角度的评价。这种方法可以更加全面、客观地反映创业教育的质量，为改进和优化创业教育提供有力支持。常用的综合评价法包括：

（1）模糊综合评价法。利用模糊数学原理，对创业教育相关因素进行模糊量化处理，通过模糊综合评价模型得出综合评价结果。

（2）层次分析法。将创业教育相关因素按照重要性进行分层，利用层次分析模型确定各因素的权重，进而得出综合评价结果。

4. 动态评价法

动态评价法是指对创业教育进行长期跟踪评价，以了解创业教育效果的动态变化和发展趋势。这种方法可以及时发现创业教育中的问题和不足，为改进和优化创业教育提供及时反馈。常用的动态评价法包括：

（1）时间序列分析法。利用时间序列数据，对创业教育效果进行长期跟踪分析，以了解其变化趋势和规律。

（2）对比分析法。将不同时间点的创业教育效果进行对比分析，以了解创业教育质量的提升情况和发展趋势。

创业教育质量评价体系的评价方法是一个多元化、综合性的体系，它涵盖了定量评价法、定性评价法、综合评价法和动态评价法等多种方法。在实际应用中，需要根据具体情况选择合适的评价方法，以确保评价结果的准确性、客观性和有效性。

(四) 评价周期

创业教育质量评价体系的评价周期是指对创业教育进行定期评价的时间间隔。确定合适的评价周期对于全面、系统地监测创业教育的质量，及时发现问题并进行改进至关重要。以下是对创业教育质量评价体系评价周期的扩展描述。

1. 评价周期的重要性

评价周期的确定对于创业教育质量评价体系的运行具有重要意义。首先，定期的评价可以确保创业教育始终处于持续改进的状态，通过定期反馈和监控，及时调整教育策略，优化教育资源，提高教育质量。其次，评价周期的设置可以帮助教育机构明确评价工作的重点和优先级，确保评价工作能够高效、有序地进行。最后，评价周期的规律性还可以提高评价的公正性和客观性，避免由于评价时机的不当选择而导致评价结果失真。

2. 评价周期的选择依据

评价周期的选择应根据创业教育的实际情况和需要来确定。一般来说，评价周期的选择应考虑以下几个方面。

（1）教育目标的变化。如果创业教育的目标发生变化，评价周期也应相应调整，以确保评价工作能够准确反映教育目标的达成情况。

（2）教育资源的投入。教育资源的投入情况也会影响评价周期的选择。如果教育资源的投入较大，需要更频繁地进行评价以监控资源的有效利用情况。

（3）学生发展的需求。学生的发展需求是评价周期选择的重要参考因素。例如，学生可能需要更频繁地了解自己在创业教育中的进步和表现，以便及时调整学习策略。

（4）外部环境的变化。外部环境的变化，如政策调整、市场需求变化等，也可能对评价周期产生影响。教育机构需要密切关注外部环境的变化，并根据实际情况调整评价周期。

3. 常见的评价周期

根据以上因素，常见的创业教育质量评价周期包括以下几种。

（1）学期评价。在每个学期结束时对创业教育进行评价，以了解本学期内创业教育的实施效果和学生发展情况。

（2）年度评价。在每个学年结束时对创业教育进行全面评价，以评估创业教育在一年内的整体质量和效果。

（3）不定期评价。根据实际需要和情况，进行不定期的评价活动，如针对某个特定项目或事件进行专项评价。

评价周期并非一成不变，随着创业教育的发展和外部环境的变化，评价周期也需要进行相应的调整和优化。教育机构应定期对评价周期进行评估和反思，根据评价结果和反馈意见，对评价周期进行适当调整，以确保评价工作能够更好地服务于创业教育的质量提升和发展。

四、创业教育质量评价体系的实施与应用

在实施创业教育质量评价体系时，应注意以下6点。

1. 明确评价目的和标准

在开始评价之前，必须清晰地定义评价的目的和标准。这有助于确定评价的重点和方向，确保评价工作能够准确反映创业教育的质量和效果。同时，明确的评价标准也有助于评价者进行客观、公正的评价。

2. 选择合适的评价方法和工具

评价方法和工具的选择直接影响到评价结果的准确性和有效性。应该根据创业教育的特点和实际情况，选择合适的评价方法和工具。例如，对于创业教育课程的评价，可以采用问卷调查、教学观察、学生作品展示等方法；对于创业教育实践活动的评价，可以采用实地考察、项目评估、创

业者访谈等方法。同时，也可以借助一些先进的评价工具和技术，如大数据分析、人工智能等，来提高评价的效率和准确性。

3. 确保评价数据的真实性和可靠性

评价数据的真实性和可靠性是评价工作的基础。应该建立严格的数据收集、整理和分析机制，确保评价数据的准确性和可靠性。同时，也应该加强对评价数据的监督和审核，避免数据的伪造和篡改。

4. 注重评价结果的反馈和应用

评价结果的反馈和应用是评价工作的最终目的。应该及时将评价结果反馈给相关方面，如教师、学生、管理者等，以便他们了解创业教育的质量和效果，并采取相应的改进措施。同时，也应该加强对评价结果的分析和研究，挖掘其中的问题和不足，为未来的创业教育提供有益的参考和借鉴。

5. 保持评价的持续性和动态性

创业教育是一个持续发展的过程，评价工作也应该保持持续性和动态性。应该定期对创业教育进行评价，并根据评价结果及时调整和优化教育策略。同时，也应该关注外部环境的变化和创业教育的发展趋势，及时调整评价的内容和方式，确保评价工作始终与创业教育的发展保持同步。

6. 注重评价主体的多元化

评价主体的多元化可以确保评价的全面性和客观性。应该邀请教师、学生、管理者、企业家等多方面的评价主体参与评价工作，从多个角度和层面了解创业教育的质量和效果。同时，也应该注重评价主体之间的交流和沟通，共同推动创业教育的质量提升和发展。

创业教育质量评价体系的构建是一个复杂而重要的任务。通过明确评价目标、设计评价指标、选择评价方法、设定评价周期等步骤，可以构建出一个科学、全面、可操作、导向性强的创业教育质量评价体系。在实施评价体系时，应加强组织领导、明确评价流程、广泛征求意见、及时反馈结果等，确保评价工作的顺利进行和有效应用。通过不断完善和优化创业教育质量评价体系，可以推动创业教育的持续改进和优化，为培养更多优秀的创新创业人才提供有力保障。

第五章 教育信息化驱动下的创业教育创新

第一节 创新理念与创业教育的深度融合

在 21 世纪这个知识爆炸、技术革新的时代，创新已成为推动社会进步和经济发展的核心动力。教育领域作为培养未来社会建设者的摇篮，更是需要紧跟时代步伐，将创新理念与创业教育深度融合，以培养出具有创新精神、创业能力和社会责任感的新时代人才。

创新理念，强调的是打破传统束缚，追求新颖、独特和实用的思维方式。而创业教育，则是通过传授创业知识、培养创业技能和塑造创业精神，引导学生将创新理念转化为实际行动，实现自我价值和社会价值的统一。因此，创新理念与创业教育的深度融合，不仅是教育改革的必然趋势，也是时代赋予的重要使命。

一、创新理念在创业教育中的引领作用

（一）激发创业热情

创业热情，是驱动个体投身创业实践、追求梦想实现的不竭动力。在创新理念与创业教育的深度融合中，激发创业热情显得尤为重要。它不仅关系到学生是否能对创业产生浓厚的兴趣，更关乎他们能否将这份热情转化为实际的创业行动，进而为社会的发展贡献自己的力量。

创业热情的激发源于对未知的渴望和对挑战的拥抱。在创业教育的过程中，教师需要引导学生认识到创业并非一帆风顺的坦途，而是充满了未知与挑战的冒险之旅。这种冒险不仅是对未知领域的探索，更是对个人能力和智慧的考验。当学生意识到创业能够带来成长和收获时，他们的内心就会自然产生一股强烈的热情和冲动，驱使他们勇敢地迈出创业的第一步。

创业热情的培养需要关注市场需求和行业发展。创业教育应该紧密结合市场需求和行业趋势，引导学生关注社会热点和行业发展动态。通过对市场需求的深入了解和对行业趋势的精准把握，学生可以更加明确自己的创业方向和目标，从而更加坚定自己的创业信念和热情。同时，教师还可以通过案例分析和模拟演练等方式，让学生亲身感受创业过程中的挑战和机遇，激发他们的创业热情。

创业热情的激发需要注重实践体验和团队协作。创业教育不仅仅是理论知识的传授，更是实践能力的培养。通过参与创业项目、创办创业公司等实践活动，学生可以亲身体验创业的过程和挑战，感受创业带来的成就感和满足感。这种实践体验不仅能够让学生更加深入地理解创业的本质和规律，还能够进一步激发他们的创业热情。同时，团队协作也是创业过程中不可或缺的一部分。在团队中，学生可以互相学习、互相支持、互相鼓励，共同面对创业过程中的困难和挑战。这种团队协作不仅能够提高学生的综合素质和能力，还能够进一步激发他们的创业热情。

创业热情的激发还需要关注个人兴趣和特长。每个人都有自己的兴趣和特长，而这些兴趣和特长往往能够成为创业的灵感和动力。在创业教育过程中，教师应该关注学生的个性差异和兴趣特点，引导他们发现自己的兴趣和特长并将其与创业相结合。当学生能够在自己感兴趣的领域发挥所长时，他们的创业热情就会更加高涨和持久。

创业热情的激发需要营造浓厚的创业氛围和文化。学校和社会应该共同努力营造一种鼓励创业、支持创业的氛围和文化。通过举办创业大赛、创业论坛等活动,让学生亲身感受创业的氛围和热度;通过媒体宣传和社会关注等方式,让更多的人了解创业、支持创业。这种浓厚的创业氛围和文化不仅能够激发学生的创业热情,还能够为他们提供更多的创业机会和资源支持。

激发创业热情是创新理念与创业教育深度融合的重要一环。通过关注市场需求、注重实践体验、关注个人兴趣和特长以及营造浓厚的创业氛围和文化等措施,可以有效地激发学生的创业热情,为他们实现创业梦想提供有力的支持和帮助。

(二) 培养创新思维

在创新理念与创业教育的深度融合中,培养创新思维是至关重要的一环。创新思维是指能够打破传统思维模式的束缚,以新颖、独特、实用的方式解决问题,创造出新的价值。它不仅是创业成功的关键要素,也是推动社会进步和发展的重要动力。因此,培养创新思维成为教育领域的重要任务。

1. 打破思维定式,激发创新潜能

创新思维的培养首先需要打破传统的思维定势,让学生敢于挑战权威、质疑常规。在传统的教育模式下,学生往往习惯于接受现成的知识和答案,缺乏独立思考和解决问题的能力。因此,在培养创新思维的过程中,教师需要鼓励学生多思考、多提问,激发他们的创新潜能。例如,教师可以通过组织讨论、辩论等活动,引导学生从不同的角度思考问题,发现问题的多面性和复杂性。同时,教师还可以利用案例分析、情景模拟等方式,让学生在实际操作中体验创新思维的魅力,培养他们的创新意识和能力。

2. 拓宽知识视野,增强综合素质

创新思维的培养需要建立在广泛的知识储备和全面的综合素质的基础

上。学生只有具备扎实的基础知识和全面发展的综合素质，才能在创新过程中游刃有余、得心应手。因此，在培养创新思维的过程中，教师需要注重拓宽学生的知识视野，提高他们的综合素质。教师可以通过引导学生阅读经典著作、参加学术讲座等方式，让学生了解不同领域的知识和思想。同时，教师还可以鼓励学生参加社会实践、志愿服务等活动，让他们在实践中锻炼自己的能力和素质，为未来的创新打下坚实的基础。

3. 加强实践训练，提高创新能力

创新思维的培养需要注重实践训练，让学生在实践中不断提高自己的创新能力。实践是检验真理的唯一标准，也是培养创新思维的重要途径。在创业教育过程中，教师可以通过组织创业项目、创办创业公司等方式，为学生提供实践创新的机会和场所。通过实践训练，学生可以亲身感受创新的过程和挑战，掌握创新的方法和技巧，提高自己的创新能力。同时，实践训练还可以让学生发现自己的潜力和优势，激发他们的创新热情和信心。

4. 培养团队协作精神，实现创新共赢

创新思维的培养需要注重团队协作精神的培养。在创业过程中，一个优秀的团队可以发挥集体的智慧和力量，共同面对挑战、解决问题。因此，在培养创新思维的过程中，教师需要注重培养学生的团队协作精神。教师可以通过组织团队项目、团队合作等活动，让学生体验团队协作的乐趣和价值。在团队中，学生可以互相学习、互相支持、互相鼓励，共同实现创新目标。不仅可以提高学生的创新能力和综合素质，还可以培养他们的团队协作精神和领导力。

5. 营造创新氛围，激发创新热情

最后，培养创新思维需要营造浓厚的创新氛围。学校和社会应该共同努力营造一种鼓励创新、支持创新的文化氛围。通过举办创新大赛、创新论坛等活动,让学生亲身感受创新的魅力和价值;通过媒体宣传和社会关注等方式,让更多的人了解创新、支持创新。这种浓厚的创新氛围可以激发学生的创新热情和创造力,为他们实现创新梦想提供有力的支持和帮助。

(三) 塑造创业精神

在当今快速变化的时代,创业精神成为推动社会进步和个人成长的重要力量。塑造创业精神,不仅意味着培养一种勇于冒险、敢于创新的精神风貌,更意味着在内心深处植入一种对梦想的执着追求和对困难的坚韧不屈。这样的精神不仅能够帮助个体在创业的道路上走得更远,也能够为社会的发展注入新的活力。

1. 坚定信念,明确目标

塑造创业精神的首要任务是坚定个人的信念和明确目标。创业者需要对自己所从事的事业有深厚的信仰,相信自己能够创造出有价值的产品或服务,为社会带来积极的影响。同时,他们还需要明确自己的创业目标,包括短期和长期的目标,并为之制订切实可行的计划。这种坚定的信念和明确的目标将成为创业者前进的动力源泉,让他们在困难面前不屈不挠,勇往直前。

2. 勇于冒险,敢于创新

创业精神的核心是勇于冒险和敢于创新。创业者需要敢于挑战传统观念,打破思维定势,以全新的视角和方式去看待问题。他们需要敢于尝试新的商业模式、新的技术和新的市场机会,不断探索和发现新的可能性。这种勇于冒险和敢于创新的精神不仅能够帮助创业者发现新的商机,也能够推动社会的进步和发展。

3. 坚韧不拔,持之以恒

创业的道路充满了困难和挑战,创业者需要具备坚韧不拔、持之以恒的精神。在面对失败和挫折时,创业者需要保持冷静和理智,从失败中汲取教训,不断调整自己的策略和方向。同时,他们还需要有持之以恒的毅力,不断推动自己向前进取,不断追求更高的目标。这种坚韧不拔、持之以恒的精神是创业者最宝贵的财富,也是他们走向成功的关键。

4. 团队合作,共同奋斗

创业精神还体现在团队合作和共同奋斗上。创业者需要组建一个高效的团队,与团队成员共同协作,共同面对困难和挑战。在团队中,每个成员都应该发挥自己的特长和优势,为团队的成功贡献自己的力量。同时,创业者还需要注重团队的沟通和协调,确保团队成员之间的顺畅合作。这种团队合作和共同奋斗的精神不仅能够提高团队的凝聚力和战斗力,还能够让创业者更加深入地了解市场和用户的需求,为企业的成功打下坚实的基础。

5. 关注社会责任,实现共赢

塑造创业精神还需要关注社会责任和实现共赢。创业者需要认识到自己的企业不仅是为了追求经济效益而存在的,更是为了服务社会、造福人类而存在的。因此,他们需要在追求经济效益的同时,注重企业的社会责任和环保责任,积极为社会作出贡献。同时,创业者还需要关注员工和合作伙伴的利益,实现共赢的局面。这种关注社会责任和实现共赢的精神不仅能够提高企业的社会形象和信誉度,还能够增强企业的凝聚力和向心力,为企业的长远发展打下坚实的基础。

塑造创业精神是一个全面而复杂的过程,需要创业者具备坚定的信念、明确的目标、勇于冒险和敢于创新的精神、坚韧不拔和持之以恒的毅力、团队合作和共同奋斗的精神以及关注社会责任和实现共赢的意识。只有这样,创业者才能够在创业的道路上走得更远、更稳、更成功。

二、创业教育对创新理念的实践与应用

(一) 提供创新平台

创业教育为创新理念提供了广阔的创新平台。这个平台不仅包括了课堂教学、实验室实践等传统的教育形式，还包括了创新创业竞赛、创业园区等实践性强、互动性高的活动。在这些平台上，学生可以充分展示自己的创新能力和创业精神，将自己的创意转化为实际的产品或服务。

在创业教育的课堂上，教师会通过案例分析、小组讨论等方式，引导学生去关注社会热点、挖掘市场需求。学生可以通过这些活动，深入了解行业的现状和发展趋势，发现创新的机会和可能性。同时，教师还会鼓励学生提出自己的想法和观点，通过讨论和辩论的方式，激发他们的创新思维和创造力。

在创新创业竞赛中，学生可以将自己的创意和想法付诸实践。他们可以通过组建团队、制定计划、筹集资金等方式，将自己的创意转化为实际的产品或服务。这个过程不仅让学生深入了解了创业的过程和挑战，还让他们在实践中锻炼了自己的创新能力和创业精神。

在创业园区中，学生可以获得更加丰富的资源和支持。他们可以与来自不同领域、不同背景的人进行交流和合作，共同探索新的商业模式和市场机会。这种跨领域的交流和合作让学生更加深入地了解了创新的本质和规律，也让他们更加坚定了自己的创新理念和创业决心。

(二) 促进跨界融合

创业教育促进创新理念的跨界融合。

1. 拓展思维边界

创业教育鼓励学生跳出传统学科的框架，跨学科学习，拓展思维边界。这种跨学科的学习方式，使得学生能够从多个角度思考问题，发现不

同领域之间的共性和联系，为创新理念的跨界融合提供了可能。

2. 促进团队合作

在创业教育中，学生通常需要组建团队，共同完成任务和项目。这种团队合作的过程，不仅锻炼了学生的沟通能力和协作能力，还促进了不同背景、不同专业的学生之间的交流和融合。团队成员之间的互补性和差异性，为创新理念的跨界融合提供了丰富的资源和灵感。

3. 强化实践应用

创业教育注重实践应用，鼓励学生将所学知识运用到实际问题中去。通过实践，学生不仅能够加深对知识的理解和掌握，还能够发现知识在不同领域的应用价值，进一步促进创新理念的跨界融合。

4. 搭建创新平台

创业教育为学生提供了丰富的创新平台，如创新创业竞赛、创业园区等。这些平台汇聚了来自不同领域、不同背景的人才和资源，为学生提供了广阔的交流和合作空间。在这些平台上，学生可以接触到最新的科技动态和市场趋势，与不同领域的人才进行交流和碰撞，为创新理念的跨界融合提供了更多的机会和可能性。

随着科技的不断进步和全球化的深入发展，未来的创新生态将越来越呈现出跨界融合的趋势。而创业教育作为培养创新人才的重要途径，将在构建未来创新生态中发挥重要作用。通过创业教育，可以培养出更多具有创新思维和创业精神的人才，他们将成为推动社会进步的重要力量。同时，创业教育还能够促进不同领域、不同行业之间的交流和融合，打破传统的行业壁垒和思维定势，为未来的创新生态注入新的活力和动力。

（三）推动社会创新

1. 创业教育推动社会创新的方式

（1）激发创新活力。创业教育通过培养学生的创新思维和创业能力，激发了社会的创新活力。在创业教育的熏陶下,学生们开始关注社会中的创新需求,思考如何通过创新来解决现实问题。这种关注不仅体现在学生个人层面,更逐渐渗透到社会各个领域中,推动了社会的整体创新发展。

(2) 培养创新人才。创业教育为社会培养了一批具有创新精神和创业精神的人才。这些人才具备创新思维、创业能力和社会责任感等特质,能够敏锐地捕捉到市场中的创新机会,并敢于付诸实践。他们的存在为社会的创新注入了源源不断的动力。

(3) 促进跨界融合。创业教育强调跨学科、跨领域的融合学习,这种学习方式促进了不同领域之间的交流和合作。在创业教育的培养下,学生们开始关注不同领域之间的共性和联系,尝试将不同领域的知识和技术进行融合创新。这种跨界融合的思维模式不仅有助于解决复杂问题,更为社会的创新带来了更多的可能性。

2. 创业教育推动社会创新的深远影响

在当今这个快速变化、充满挑战与机遇的时代,创业教育正日益成为推动社会创新的重要力量。它不仅仅局限于培养创业者的商业技能和知识,更在塑造创新的文化氛围、激发社会整体的创造活力和推动经济结构的转型升级等方面产生了深远的影响。

(1) 塑造创新文化,引领社会潮流。创业教育强调创新思维和创业精神的培养,这种教育理念有助于塑造一个崇尚创新、鼓励探索、勇于实践的社会文化。在这样的文化氛围中,人们不再满足于现状,而是积极寻求突破和改变,不断探索新的可能性。这种对创新的追求和渴望,不仅激发了个人和团队的创造活力,也推动了整个社会在科技、文化、艺术等多个领域的创新和发展。

(2) 激发创造活力,培养创新人才。创业教育通过提供实践机会和创业指导,帮助学生将理论知识与实际问题相结合,激发他们的创造力和想象力。在这个过程中,学生们不仅学会了如何发现问题、分析问题、解决问题,还学会了如何团队协作、如何面对失败和挫折。这些宝贵的经验和技能,使他们成为具有创新精神和实践能力的创新人才,为社会的创新和发展提供了源源不断的动力。

(3)推动经济转型升级,增强国际竞争力。创业教育的兴起,推动了创新创业活动的蓬勃发展,为经济的转型升级提供了强大的动力。一方面,创业教育通过鼓励创新创业,促进了新技术、新产品、新业态的涌现,推动了产业结构的优化升级和经济增长方式的转变。另一方面,创业教育也培养了一批具有全球视野和国际竞争力的创新人才[1],他们不仅在国内市场上展现出强大的竞争力,还积极参与到国际竞争中,提升了我国在国际舞台上的影响力和竞争力。

(4)促进社会和谐稳定,提升民生福祉。创业教育不仅关注经济效益的创造,更注重社会效益的实现。通过鼓励创新创业,创业教育解决了大量就业问题,促进了社会的和谐稳定。同时,创业教育还关注社会问题的解决和民生福祉的提升,通过创新的方式解决了一些长期困扰人们的问题,如环境污染、资源短缺等。这些创新实践不仅改善了人们的生活环境和生活质量,也增强了人们对社会的信任感和归属感。

(5)持续推动社会创新,构建可持续发展社会。创业教育在推动社会创新方面具有长期性和持久性。随着创业教育的不断普及和深化,越来越多的人将受益于创业教育所带来的创新理念和创业精神。他们将这些理念和精神融入自己的工作和生活中去,不断推动社会在各个领域的创新和发展。同时,创业教育也将持续关注社会变化和发展趋势,及时调整教育内容和方式,以适应社会的需求和挑战。这种持续的创新和发展将使社会保

---

[1] 屠淑敏:《"十四五"时期我国公共图书馆发展环境分析和战略思考》,《国家图书馆学刊》2021年第2期。

持活力和竞争力,为实现可持续发展奠定坚实的基础。

总之,创业教育在推动社会创新方面产生了深远的影响。它不仅塑造了创新文化、激发了创造活力、推动了经济转型升级、促进了社会和谐稳定,还持续推动了社会创新并构建了可持续发展的社会。因此应该高度重视创业教育的发展和完善,为社会的创新和发展提供强大的支持。

三、创新理念与创业教育深度融合的实践路径

在知识经济和全球化日益加速的今天,创新已成为推动社会进步和经济发展的核心动力。而创业教育,作为培养未来创新型人才的重要途径,其与实践的深度融合更是关系到国家竞争力的提升和社会发展的可持续性。因此,探讨创新理念与创业教育深度融合的实践路径,具有重要的现实意义和长远价值,如图 5-1 所示。

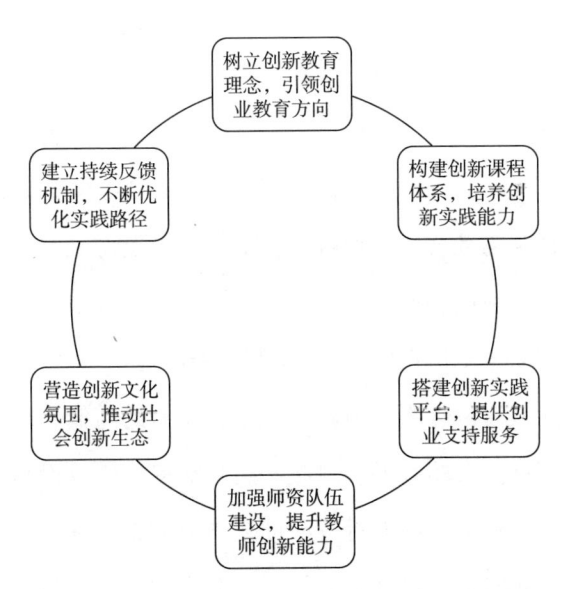

图 5-1 创新理念与创业教育深度融合的实践路径

（一）树立创新教育理念，引领创业教育方向

创新理念是创业教育的灵魂，是激发学生创新思维和创业精神的关键。要实现创新理念与创业教育的深度融合，首先需要在教育理念上进行根本性转变。教育机构应明确创新教育的核心地位，将培养学生的创新精神和创业能力作为教育的重要目标。同时，教师应树立创新教育的理念，将创新融入教学全过程，引导学生关注创新、参与创新、享受创新。

（二）构建创新课程体系，培养创新实践能力

课程体系是创业教育的重要载体，是实现创新理念与创业教育深度融合的基础。因此，构建创新课程体系是实践路径中的关键一环。教育机构应针对学生的不同需求和特点，设计具有针对性的创新课程，如创新思维训练、创业实践项目、跨学科融合课程等。这些课程应注重理论与实践的结合，让学生在实践中学习和掌握创新方法，培养创新实践能力。

（三）搭建创新实践平台，提供创业支持服务

创新实践平台是创业教育的重要支撑，是实现创新理念与创业教育深度融合的重要保障。教育机构应搭建多样化的创新实践平台，如创业实验室、创业孵化基地、创业竞赛等，为学生提供实践机会和创业支持。同时，学校还应加强与社会各界的合作，引入外部资源和专家指导，为学生提供更加全面和专业的创业支持服务。

（四）加强师资队伍建设，提升教师创新能力

教师是创业教育的重要实施者，其创新能力的高低直接关系到创新理念与创业教育深度融合的效果。因此，加强师资队伍建设是实现实践路径的重要环节。教育机构应加大对教师创新能力的培养和投入，为教师提供必要的培训和进修机会，提升他们的创新能力和教学水平。同时，学校还应建立激励机制，鼓励教师参与创新实践和创业活动，激发他们的创新热情。

(五) 营造创新文化氛围，推动社会创新生态

创新文化是推动社会创新的重要基础，是实现创新理念与创业教育深度融合的必要条件。教育机构应营造浓厚的创新文化氛围，通过举办创新讲座、创新论坛、创新展览等活动，激发学生的创新兴趣和热情。同时，学校还应加强与社会的联系和合作，推动创新文化的普及和传播，形成全社会共同支持创新、参与创新的良好氛围。

(六) 建立持续反馈机制，不断优化实践路径

实践路径的优化是一个持续的过程，需要建立有效的反馈机制来不断调整和完善。教育机构应建立学生、教师、企业等多方参与的反馈机制，及时收集和分析各方的意见和建议，针对存在的问题和不足进行改进和优化。同时，学校还应加强与国际先进教育机构的交流与合作，借鉴国际先进经验，推动创新理念与创业教育深度融合的实践路径不断完善和发展。

创新理念与创业教育的深度融合是教育改革的必然趋势和时代要求。通过深化课程体系改革、加强师资队伍建设、搭建实践平台、营造创新氛围等措施，可以实现创新理念与创业教育的深度融合，培养出更多具有创新精神、创业能力和社会责任感的新时代人才。

第二节 创业教育模式与机制的创新实践

随着全球经济的飞速发展和科技的日新月异，创业已成为推动社会进步和经济增长的重要动力。在这样的背景下，创业教育作为培养创新创业人才的重要途径，其模式和机制的创新实践显得尤为重要。本节旨在探讨创业教育模式与机制的创新实践，以期为创业教育的发展提供有益的参考和借鉴。

一、传统创业教育模式的局限

传统创业教育过于依赖课堂教学，缺乏对创业实践的深度介入。在这种模式下，学生虽然能够获得一定的创业理论知识，但往往缺乏实际操作的机会，难以真正体验和理解创业的复杂性和不确定性。

传统创业教育在内容上过于注重商业知识的灌输，而忽视了对创新思维和创业精神的培养。创新是创业的灵魂，但传统教育往往只关注如何让学生更好地复制已有的商业模式，而忽视了对学生创新能力的培养，这在很大程度上限制了创业教育的发展。

传统创业教育在与企业、社会等外部资源的连接上较为薄弱。创业教育不仅仅是一个课堂教育问题，它更是一个与实践紧密相连、与社会密切互动的过程。但传统创业教育在这方面显然做得不够，导致学生难以获得足够的外部资源和支持，限制了其创业实践的深度和广度。

传统创业教育在评价体系上也存在不足。它往往过于注重学生的学业成绩和创业计划的书面表达，而忽视了对学生实际创业能力和创新精神的评价，这在一定程度上误导了学生的创业方向，也限制了创业教育的实际效果。

二、创业教育模式创新实践

随着全球化和信息化时代的到来，创业教育的模式也在不断地创新与实践，以适应新时代对创新创业人才的需求。创业教育模式创新实践，不仅仅是对传统教育模式的改进和补充，更是对教育理念、教学内容、教学方法以及教育评价体系的全面革新。

1. 强调跨学科融合

传统的教育模式往往以学科为中心，导致学生知识面狭窄，难以应对复杂多变的创业环境。而创业教育模式创新实践则打破了这一局限，通过跨学科融合的方式，将商业、技术、设计、法律等多学科知识融合在一起，为学生提供更加全面、系统的创业教育。这种跨学科的融合不仅拓宽了学生的视野，也培养了学生的综合能力和创新思维。

2. 注重实践导向

传统的教育模式往往过于注重理论知识的传授，而忽视了学生的实践能力和创新思维的培养。而创业教育模式创新实践则强调实践导向，通过案例分析、项目实践、创业竞赛等方式，让学生亲身体验创业过程，提高创业实践能力。这种实践导向的教育模式不仅激发了学生的学习兴趣和积极性，也为学生提供了将理论知识应用于实际创业活动的机会。

3. 强调产学研合作

创业教育的目标是培养具有创新精神和实践能力的创业人才，而这需要与企业、产业界的紧密合作。创业教育模式创新实践通过加强与企业、产业界的合作，共同开展科研项目、共建实验室、共建创业孵化基地等方式，促进科研成果的转化和应用，同时也为学生提供了更多的实践机会和创业资源。这种产学研合作的教育模式不仅提高了创业教育的质量和效果，也为学生提供了更加广阔的创业空间和机会。

4. 注重师资队伍建设

教师是创业教育的关键因素之一，他们的素质和能力直接影响到创业教育的质量和效果。创业教育模式创新实践通过引进优秀人才、加强内部培训、鼓励教师参与创业实践等方式，提高教师的专业水平和创新能力。同时，也鼓励教师与企业、产业界建立紧密的合作关系，共同开展科研项目和创业实践活动，促进产学研的深度融合。

5. 注重教育评价体系的改革

传统的教育评价体系往往过于注重学生的学业成绩和考试成绩，而忽视了对学生实践能力和创新精神的评价。而创业教育模式创新实践则注重对学生实践能力和创新精神的评价，通过创业计划书、创业项目、创业竞赛等方式，全面评价学生的创业能力和素质。这种教育评价体系的改革不仅更加符合创业教育的目标和要求，也更能真实反映学生的创业潜力和价值。

创业教育模式创新实践是对传统教育模式的全面革新和超越，它注重跨学科融合、实践导向、产学研合作、师资队伍建设以及教育评价体系的改革，旨在培养具有创新精神和实践能力的创业人才，为国家的经济发展和社会进步做出更大的贡献。

三、创业教育机制的创新实践

在当今日新月异的时代，创业教育不再仅仅局限于传统的课堂教学，而是需要更为深入、全面且富有创新性的机制来支撑其发展。创业教育机制创新实践，是对传统教育模式的深刻反思与超越，旨在通过一系列的创新举措，构建更加高效、灵活且适应时代发展的创业教育体系。

1. 理念创新：引领创业教育新方向

在创业教育机制创新实践中，理念创新是首要任务。传统的创业教育往往过于注重知识的传授，而忽视了对学生创新精神和实践能力的培养。因此，需要转变教育理念，将创业教育视为培养学生综合素质、创新精神和实践能力的重要途径。这种理念创新不仅要求教师具备前瞻性的眼光和敏锐的洞察力，还需要他们具备勇于探索、敢于创新的精神。

2. 课程体系创新：构建多元化创业教育课程

课程体系是创业教育的核心。在创业教育机制创新实践中，需要构建多元化的创业教育课程体系，以满足不同学生的需求。这包括开设创业基础课程、创业实践课程、创业竞赛课程等❶，以及邀请行业专家、企业家

---

❶ 刘宁：《大学生创新创业教育现状及创业意识的培养途径》，《黑龙江科学》2020年第9期。

等担任课程讲师，为学生提供更加贴近实际的创业教育内容。同时，还需要注重课程的跨学科融合，将商业、技术、设计、法律等多学科知识融合在一起，为学生提供更加全面、系统的创业教育。

3. 教学方法创新：强化实践教学环节

教学方法的创新是创业教育机制创新实践的重要方面。传统的教学方法往往以讲授为主，缺乏实践环节。因此，需要采用更加灵活、多样的教学方法，如案例分析、项目实践、模拟创业等，让学生在实践中学习、在学习中实践。这种教学方法的创新不仅可以激发学生的学习兴趣和积极性，还可以提高他们的实践能力和创新思维。

4. 实践平台创新：搭建创业教育实践平台

实践平台是创业教育机制创新实践的关键环节。需要搭建多样化的创业教育实践平台，如创业实验室、创业孵化基地、创业竞赛等，为学生提供更多的实践机会和资源。这些平台可以帮助学生将理论知识应用于实践，提高他们的创业实践能力和创新思维。同时，还需要加强与企业、产业界的合作，共同搭建创业教育实践平台，为学生提供更加广阔的创业空间和机会。

5. 评价体系创新：建立多元化评价体系

评价体系是创业教育机制创新实践的重要组成部分。需要建立多元化的评价体系，以全面、客观地评价学生的创业能力和素质。这包括对学生创业计划书、创业项目、创业竞赛等方面的评价，以及对学生实践能力、创新思维、团队协作能力等方面的评价。这种评价体系的创新不仅可以更加准确地反映学生的创业潜力和价值，还可以为他们提供更加精准的指导和帮助。

创业教育机制创新实践是对传统教育模式的深刻反思与超越，旨在通过一系列的创新举措，构建更加高效、灵活且适应时代发展的创业教育体系。这需要在理念、课程体系、教学方法、实践平台以及评价体系等方面进行全面创新,以培养出更多具有创新精神和实践能力的创业人才。

第三节 数字化创业教育资源的创新开发与利用

随着信息技术的迅猛发展和互联网的普及,数字化教育资源的开发与利用已成为教育领域的重要趋势。在创业教育领域,数字化资源的创新开发与利用对于提升教育质量、拓宽教育渠道、增强教育实效性具有重要意义。本节旨在探讨数字化创业教育资源的创新开发与利用,以期为创业教育的发展提供有益的思路和参考。

一、数字化创业教育资源的内涵与价值

(一) 数字化创业教育资源的内涵

数字化创业教育资源的内涵,不仅仅是简单的将创业教育内容转化为数字形式,更是一次深刻的教育资源重塑与整合。它包含了创业教育知识的数字化呈现、创业教育过程的数字化模拟以及创业教育环境的数字化构建等多个层面。

数字化创业教育资源的内涵在于其内容的丰富性和多样性。这些资源涵盖了创业理论、案例分析、实践经验、市场动态等各个领域,为学生提供了全面而深入的学习内容。同时,通过多媒体、动画、虚拟现实等技术手段,这些内容被生动、直观地呈现出来,使得学习变得更加有趣和高效。

数字化创业教育资源的内涵在于其交互性和个性化。学生可以根据自己的学习进度和兴趣,自主选择学习内容和学习方式。同时,学习资源还

提供了丰富的交互功能，如在线问答、讨论区、学习进度跟踪等，使得学生能够随时获取帮助、分享经验，实现个性化学习。

数字化创业教育资源的内涵还在于其实时性和更新性。随着互联网技术的不断发展，创业教育资源可以实时更新和补充，保证学生能够接触到最新、最前沿的创业教育理念和知识。这种实时性和更新性使得数字化创业教育资源具有更强的生命力和适应性。

数字化创业教育资源的内涵是多层次、多维度的，它不仅仅是教育内容的数字化呈现，更是教育资源的全面整合和优化。这种内涵使得数字化创业教育资源成为推动创业教育发展的重要力量。

（二）数字化创业教育资源的价值

在当今数字化时代，教育的形式和内涵都发生了深刻的变革。其中，数字化创业教育资源的崛起，不仅为创业者提供了便捷的学习途径，更为创业教育的创新发展注入了新的活力。深入探究数字化创业教育资源的价值，不难发现，其在多个方面都展现出了独特的优势和深远的意义。

1. 教育资源的普及化

数字化创业教育资源的价值首先体现在其普及性上。传统的创业教育往往受限于地域、时间和资源等因素，使得许多有志于创业的人难以获得高质量的教育资源。而数字化创业教育资源的出现，打破了这一限制。通过互联网平台，这些资源可以轻松地传播到世界的每一个角落，让更多的人有机会接触到先进的创业理念和实用的创业技能。这种普及化不仅扩大了创业教育的受众群体，也为社会的创新和发展培养了更多的人才。

2. 教育内容的丰富性

数字化创业教育资源的另一个价值在于其内容的丰富性。这些资源涵盖了创业的各个环节和方面，从创业前的市场调研、商业计划书编写，到创业过程中的团队管理、市场营销，再到创业后的融资、扩张等，都有详尽的指导和案例分析。同时，这些资源还会不断更新和完善，紧跟时代的发展和市场的变化，为创业者提供最新、最全面的信息和知识。这种丰富性使得数字化创业教育资源能够满足不同创业者的需求，帮助他们更好地应对创业过程中的各种挑战。

3. 教育形式的灵活性

数字化创业教育资源的价值还体现在其教育形式的灵活性上。这些资源通常以视频、音频、电子书等多种形式呈现，学生可以根据自己的时间和地点选择适合自己的学习方式。同时，这些资源还提供了在线互动、交流讨论等功能，让学生能够随时与导师、同学进行交流和分享。这种灵活性使得数字化创业教育资源更加符合现代人的学习习惯和节奏，提升了学习的效率和效果。

4. 教育效果的持久性

数字化创业教育资源的价值还体现在其教育效果的持久性上。这些资源经过精心设计和制作，具有较高的质量和权威性。学生通过学习和实践这些资源中的知识和技能，可以在脑海中形成深刻的印象和记忆。这种持久性使得数字化创业教育资源不仅能够帮助创业者在创业初期取得成功，还能够为他们未来的发展提供持续的支持和指导。

5. 教育资源的创新性

数字化创业教育资源的价值还体现在其创新性上。这些资源不仅涵盖了传统的创业教育内容，还融入了最新的科技元素和创新理念。例如，一些数字化创业教育平台利用大数据、人工智能等技术对创业者的行为和需求进行分析，为他们提供更加精准的学习建议和资源推荐。这种创新性使得数字化创业教育资源能够不断适应和引领创业教育的发展趋势，为创业教育的未来注入新的活力。

数字化创业教育资源的价值不仅体现在其普及化、丰富性、灵活性、持久性和创新性上,更在于其为创业教育的发展带来的深远影响。随着数字化技术的不断发展和普及,有理由相信数字化创业教育资源的价值将会得到更加充分的体现和发挥。

二、数字化创业教育资源的创新开发

在数字化浪潮席卷全球的今天,教育领域正经历着前所未有的变革。数字化创业教育资源的创新开发,作为这一变革的重要组成部分,不仅为创业者提供了更为高效、便捷的学习途径,也为创业教育的持续发展注入了新的活力。深入探讨数字化创业教育资源的创新开发,可以看到其背后的多重价值和深远意义。

1. 理念的创新

数字化创业教育资源的创新开发,首先体现在教育理念的创新上。传统的创业教育往往侧重于理论知识的传授和案例分析,而数字化创业教育资源的创新开发则更加注重实践性和互动性。它强调以学生为中心,通过模拟创业过程、提供实际项目操作等方式,让学生在实践中学习和成长。这种理念的创新,使得创业教育更加贴近实际需求,更加符合创业者的学习特点。

2. 技术的创新

技术的创新是数字化创业教育资源创新开发的关键。随着大数据、人工智能、云计算等技术的不断发展,数字化创业教育资源的开发也迎来了新的机遇。通过运用这些技术,可以收集和分析大量的创业数据,为创业者提供更加精准的学习建议和资源推荐。同时,利用虚拟现实、增强现实等技术,可以模拟真实的创业环境,让学生在虚拟世界中体验创业过程,提高学习的趣味性和有效性。

3. 内容的创新

内容的创新是数字化创业教育资源创新开发的核心。传统的创业教育内容往往比较固定和单一，难以适应市场的快速变化。而数字化创业教育资源的创新开发，则更加注重内容的时效性和实用性。它紧跟市场趋势，不断更新和补充新的创业知识和技能，确保学生所学到的内容与实际需求紧密相连。同时，数字化创业教育资源的创新开发还注重内容的多样性和个性化，为不同背景、不同需求的学生提供定制化的学习方案。

4. 形式的创新

形式的创新是数字化创业教育资源创新开发的重要体现。传统的创业教育形式通常比较单一，以课堂教学为主。而数字化创业教育资源的创新开发则采用了多种形式的教学方式，如在线课程、微课、慕课等。这些形式不仅提高了学习的便捷性和灵活性，也增加了学习的趣味性和互动性。此外，数字化创业教育资源的创新开发还注重线上线下的结合，通过组织创业比赛、创业沙龙等活动，让学生在实际操作中学习和成长。

5. 合作的创新

合作的创新是数字化创业教育资源创新开发的重要推动力。在数字化时代，跨界合作、产学研合作等模式越来越普遍。数字化创业教育资源的创新开发也需要充分利用这些合作模式，与企业、高校、研究机构等建立紧密的合作关系。通过合作，可以共享资源、优势互补，提高数字化创业教育资源的开发效率和质量。同时，合作还可以为创业者提供更多的实践机会和创业支持，促进创业教育的深入发展。

综上所述，数字化创业教育资源的创新开发在理念、技术、内容、形式和合作等多个方面都展现出了独特的优势和价值。随着技术的不断进步和市场的不断变化，有理由相信数字化创业教育资源的创新开发将会为创业教育的未来发展带来更多的机遇和挑战。

三、数字化创业教育资源的有效利用

随着信息技术的飞速发展，数字化创业教育资源已成为教育领域的重

要组成部分。然而，仅仅拥有这些资源并不足以发挥其最大价值，关键在于如何有效利用这些资源，使其真正服务于创业教育的目标。以下是对"数字化创业教育资源的有效利用"的深入扩展。

(一) 明确教育目标，定位资源需求

在明确教育目标时，首先要明确创业教育的核心目标。这包括培养学生的创新思维，激发他们对创业的热情和兴趣；培养他们的创业能力，包括市场分析、团队协作、资金管理、风险管理等方面的能力；同时，还要培养他们的创业精神，如敢于冒险、勇于担当、坚韧不拔等。在明确了创业教育的核心目标后，就需要根据这些目标来定位资源需求。这里的资源需求包括各种形式的数字化创业教育资源，如在线课程、教学视频、案例库、模拟软件等。这些资源应该能够覆盖创业教育的各个方面，从理论到实践，从基础到进阶，为学生提供全方位的学习支持。在定位资源需求时，还需要充分考虑学生的实际需求。不同背景、不同专业的学生对创业教育的需求可能存在差异。因此，需要对学生的需求进行深入分析，了解他们的兴趣点、学习难点和实际需求，从而有针对性地选择和优化数字化创业教育资源。在选择数字化创业教育资源时，还需要注重资源的实用性和时效性。实用性是指资源能够真正满足学生的学习需求，帮助他们解决实际问题；时效性则是指资源能够及时反映市场动态和技术发展，确保学生所学知识的先进性和有效性。

随着市场环境和技术的不断变化，创业教育的目标和资源需求也可能随之改变。因此，需要建立一种动态调整机制，定期对教育目标和资源需求进行审查和更新。这样可以确保数字化创业教育资源的有效利用，使其始终与创业教育的目标保持一致。明确教育目标，定位资源需求是数字化创业教育的重要前提和基础。只有明确了教育目标并据此定位资源需求，才能确保数字化创业教育资源的有效利用，为培养具有创新精神和实践能力的创业人才提供有力支持。

(二) 整合优质资源，构建学习平台

在数字化创业教育的背景下，资源整合是实现教育目标的关键环节。随着信息技术的快速发展，各类教育资源如雨后春笋般涌现，但其中不乏质量参差不齐、内容重复或过时的情况❶。因此，对资源进行筛选、整合和优化，成为提高教育质量、满足学生需求的必要手段。

在整合资源的过程中，需要明确优质资源的筛选标准。首先，资源应具有权威性和专业性，能够为学生提供准确、可靠的知识和信息。其次，资源应具有时效性和实用性，能够反映当前创业市场的最新动态和趋势，同时能够帮助学生解决实际问题。最后，资源应多样性且个性化，能够满足不同学生的学习需求和兴趣点。构建学习平台是整合优质资源的重要载体。

在构建过程中，需要遵循以下原则。

1. 应遵循的原则

(1) 用户友好性。学习平台应具备良好的用户体验，界面简洁明了、操作便捷。同时，平台应提供多种学习方式，如在线课程、视频教程、互动讨论等，以满足学生的不同需求。

(2) 资源丰富性。学习平台应整合各类优质资源，包括课程、案例、实践项目等。这些资源应覆盖创业教育的各个领域和阶段，为学生提供全方位的学习支持。

(3) 互动性。学习平台应鼓励学生之间的互动和交流。通过设立讨论区、开设线上答疑等方式，让学生在学习过程中能够互相学习、互相帮助，形成浓厚的学习氛围。

---

❶ 周屹、詹晓娟、吕松涛等：《大学生创新创业能力培养的实践研究》，《黑龙江工程学院学报》2019年第2期。

（4）适应性。学习平台应具有一定的灵活性和可扩展性，能够根据不同的教学需求和目标进行调整和优化。同时，平台还应支持多种设备和浏览器访问，方便学生随时随地进行学习。

2. 学习平台应具备的功能

在功能设计方面，学习平台应具备以下功能。

（1）课程管理。平台应提供课程发布、编辑、删除等功能，方便教师上传和管理课程资源。同时，学生可以根据自己的兴趣和需求选择相应的课程进行学习。

（2）互动交流。平台应设置讨论区、在线答疑等功能，让学生在学习过程中能够随时提问、交流心得。同时，教师也可以及时回答学生的问题，提供指导和帮助。

（3）学习跟踪。平台应记录学生的学习进度和成绩等信息，方便学生和教师随时查看和了解学生的学习情况。同时，平台还应根据学生的学习数据提供个性化的学习建议和资源推荐。

（4）数据分析。平台应对学生的学习数据进行收集和分析，为教师提供教学反馈和决策支持。通过分析学生的学习行为和成绩等数据，教师可以更好地了解学生的学习需求和问题所在，从而调整教学策略和方法[1]。

总之，"整合优质资源，构建学习平台"是数字化创业教育的重要任务之一。通过整合各类优质资源并构建高效的学习平台，可以为学生提供更好的学习体验和支持，帮助他们更好地掌握创业知识和技能，为未来的创业之路打下坚实的基础。

（三）注重实践应用，提高学习效果

理论知识是创业教育的基础，但仅仅停留在理论层面是远远不够的。

---

[1] 侯砚凯：《基于创新角度的小学体育教学方法探究》，《考试周刊》2023年第33期。

数字化创业教育：教育信息化驱动下的创业教育改革与创新

通过实践应用，学生可以将所学的理论知识与实际情境相结合，从而更深刻地理解其内涵与外延。例如，在学习市场营销策略时，学生可以通过参与市场调研、制定营销方案等实践活动，将理论知识转化为实际操作能力，加深对市场规律的理解与把握。

创业教育强调培养学生的实践能力和创新精神。通过实践应用，学生可以不断尝试、探索和创新，从而熟练掌握各种技能方法。在实践过程中，学生不仅可以锻炼自己的动手能力、团队协作能力，还可以提高自己的问题解决能力和创新思维能力。这些能力对于未来的创业实践至关重要。实践应用是提高学习效果的有效途径。通过实践，学生可以更直观地感受到学习的成果和价值，从而激发学习的积极性和主动性。同时，实践应用还可以帮助学生发现自己的不足和问题，进而调整学习策略和方法，提高学习效率和质量。此外，实践应用还可以为学生提供更多的学习资源和机会，拓展学习视野和思路。

如何注重实践应用以提高学习效果包括以下几个方面。

1. 设计实践性强的教学活动

在创业教育过程中，教师应注重设计实践性强的教学活动，如案例分析、角色扮演、模拟创业等。这些活动可以让学生身临其境地感受创业实践的氛围和情境，从而更好地理解创业知识和技能的运用[1]。

2. 加强校企合作和产教融合

学校和企业应建立紧密的合作关系，共同为学生提供实践应用的机会和平台。通过校企合作和产教融合，学生可以接触到更多的实际项目和案例，了解企业的运作和管理方式，从而加深对创业实践的理解和认识。

---

[1] 朱若颖：《角色扮演——英语课堂中的模拟人生——以译林版英语三年级上册为例》，《小学教学研究》2020年第31期。

3. 鼓励学生参与创业实践活动

学校应鼓励学生积极参与各种创业实践活动，如创业比赛、创业实训、创业项目等。这些活动可以让学生亲身体验创业的艰辛与乐趣，锻炼自己的实践能力和创新精神，同时还可以积累丰富的创业经验和资源。

4. 建立完善的实践应用评价体系

学校应建立完善的实践应用评价体系，对学生的实践应用成果进行客观、公正的评估。通过评价体系，学生可以及时了解自己的学习成果和不足之处，从而调整学习策略和方法，提升学习效果。同时，评价体系还可以为教师提供反馈和建议，帮助他们更好地指导学生进行实践应用。

"注重实践应用，提升学习效果"是数字化创业教育的重要原则之一。通过加强实践应用环节的设计和实施，可以更好地培养学生的实践能力和创新精神[1]，提升学习效果和质量。同时，实践应用还可以为学生提供更多的学习资源和机会，拓展学习视野和思路，为未来的创业实践打下坚实的基础。

四、个性化学习路径，满足不同需求

个性化学习路径的重要性不言而喻。首先，它尊重了每个学生的个体差异，使教育更加人性化。每个学生都有自己的特点和优势，通过个性化学习路径，可以更好地发挥他们的潜力，帮助他们实现自我价值。其次，个性化学习路径能够提升学习效果。传统的教育模式往往采用一刀切的教学方法，无法满足每个学生的需求。而个性化学习路径则可以根据学生的实际情况，为他们提供定制化的学习资源和教学策略，使学习更加高效和有针对性。最后，个性化学习路径有助于培养学生的自主学习能力。通过

---

[1] 叶廷华：《立足实践体验，优化课堂教学——小学道德与法治体验式教学策略探究》，《新教师》2023年第7期。

为自己规划学习路径，学生可以逐渐学会独立思考和自我管理，为未来的学习和生活打下坚实的基础。

实施个性化学习路径需要多方面的努力。首先，教师需要深入了解每个学生的需求和特点。这包括他们的兴趣、能力、学习风格和目标等方面。教师可以通过与学生交流、观察他们的学习行为、分析他们的学习数据等方式来获取这些信息。其次，教师需要为学生提供多样化的学习资源。这些资源应该包括各种形式的教材、在线课程、学习软件、实践活动等，以满足不同学生的需求。同时，教师还需要根据学生的学习情况，及时调整和更新学习资源，确保它们始终与学生的学习需求保持一致❶。

除了提供多样化的学习资源外，教师还需要采用灵活多样的教学策略。例如，对于能力较强的学生，教师可以采用启发式教学策略，引导他们进行深入思考和探索；对于能力较弱的学生，教师则可以采用支架式教学策略，为他们提供更多的支持和帮助。此外，教师还可以利用技术手段来辅助教学，如使用智能教学系统来跟踪学生的学习进度和表现，为他们提供个性化的学习建议和资源推荐❷。

个性化学习路径的益处是多方面的。首先，它有助于提高学生的学习兴趣和动力。当学生感受到自己的学习需求被重视和满足时，他们会更愿意投入时间和精力去学习。其次，个性化学习路径能够提高学习效率。通过为学生提供定制化的学习资源和教学策略，可以使学习更加高效和有针对性，从而帮助学生更快地掌握知识和技能。最后，个性化学习路径有助于培养学生的自主学习能力。通过为自己规划学习路径和选择学习资源，学生可以逐渐学会独立思考和自我管理，为未来的学习和生活打下坚实的基础。

---

❶ 游颖慧：《巧用极简促教学——以人人通空间平台在教学中的应用为例》，《中学课程辅导》2023 年第 22 期。

❷ 于浩、郭赟赟：《ChatGPT 赋能教育教学：价值意蕴、现实困境及消解路径》，《现代中小学教育》2023 年第 7 期。

总之,"个性化学习路径,满足不同需求"是教育领域的一个重要趋势。通过实施个性化学习路径,可以更好地满足每个学生的需求,提升学习效果和公平性。这需要教师、学生和家长的共同努力和支持,也需要教育技术的不断发展和创新。

五、持续更新资源,保持与时俱进

在数字化时代,知识更新速度极快,新思想、新技术、新应用层出不穷。教育作为培养人才的摇篮,必须紧跟时代步伐,不断更新教育资源,确保教学内容的先进性和时效性。只有如此,才能培养出具备创新精神和实践能力的新时代人才,为社会的发展注入源源不断的动力。

1. 持续更新资源的实践意义

(1)满足学生的多样化需求。学生的需求是多样化的,他们渴望获取最新的知识和技能,以应对未来的挑战。持续更新资源可以满足学生的这一需求,让他们在学习过程中始终保持兴趣和动力。

(2)提升教育质量。教育资源的更新可以带来教学内容和教学方法的革新,从而提升教育质量。通过引入新的教学理念和教学方法,可以激发学生的学习兴趣,提升他们的学习效果。

(3)促进教育公平。优质教育资源的共享和更新可以促进教育公平。通过网络平台等渠道,将优质的教育资源传播到更广泛的地区,让更多的学生受益。同时,持续更新资源也可以确保不同地区、不同学校的教育水平保持相对均衡。

2. 保持与时俱进

(1)关注行业动态和技术发展。教育工作者需要密切关注行业动态和技术发展,了解最新的教育理念和教学方法。同时,他们还需要关注新技术在教育领域的应用,如人工智能、大数据等,以便将其引入教学实践中。

（2）不断学习和提升自我。教育工作者需要不断学习和提升自我，掌握最新的知识和技能。他们可以通过参加培训、阅读专业书籍、参加学术会议等方式，不断拓宽自己的视野和知识面。

（3）加强与企业和社会的联系。教育工作者需要加强与企业和社会的联系，了解社会需求和就业趋势。通过与企业和社会的紧密合作，可以将最新的技术和理念引入教学实践中，确保教育内容的实用性和前瞻性。

3. 持续更新资源

（1）建立完善的资源更新机制。学校和教育机构应建立完善的资源更新机制，定期检查和评估现有资源的质量和适用性。对于过时或质量不高的资源，应及时进行更新或替换。

（2）引入外部优质资源。学校和教育机构可以积极引入外部优质资源，如购买或共享最新的教材、课程、案例等。通过引入外部资源，可以丰富教学内容和教学方法，提升教育质量。

（3）鼓励教师和学生参与资源更新。教师和学生是教育资源的主要使用者，他们对于资源的更新和改进具有重要作用。学校和教育机构应鼓励教师和学生积极参与资源更新工作，提出自己的意见和建议，共同推动教育资源的持续优化。

总之，"持续更新资源，保持与时俱进"是教育领域的一项重要任务。通过不断更新教育资源并紧跟时代步伐，可以提升教育质量、满足学生的多样化需求并促进教育公平。这需要教育工作者、学校、教育机构以及社会各界的共同努力和支持。

六、加强师资培训，提升教学质量

师资培训是提升教师教学水平和专业素养的重要途径。随着知识更新速度的加快和教育理念的变革，教师需要不断更新教育观念、教学方法和专业知识，以适应时代发展的需要。加强师资培训，可以帮助教师了解最新的教育理念和教学方法，掌握先进的教学技能，从而提升教学质量。

1. 师资培训对提升教学质量的作用

（1）更新教育观念。通过培训，教师可以了解最新的教育理念和教育思想，形成符合时代要求的教育观念。这有助于教师更好地指导学生学习，促进学生的全面发展。

（2）提升教学技能。培训中，教师可以学习和掌握先进的教学方法和教学技能，如互动式教学、项目式学习等。这些教学方法能够激发学生的学习兴趣，提升学生的学习效果。

（3）拓宽知识视野。培训还可以帮助教师拓宽知识视野，了解不同学科领域的前沿知识和研究动态。这有助于教师将最新的科研成果和学科知识融入教学中，丰富教学内容。

（4）增强职业素养。培训还可以提升教师的职业素养，包括敬业精神、师德师风等方面。这有助于教师树立良好的师德形象，提高教育教学水平。

2. 加强师资培训的实施策略

（1）制订科学的培训计划。学校和教育机构应根据教师的实际情况和教学需求，制订科学的培训计划。培训计划应明确培训目标、培训内容、培训方式和培训时间等要素，确保培训的有效性和针对性。

（2）采用多元化的培训方式。培训方式应多样化，包括线上培训、线下培训、集中培训、分散培训等。这有助于满足教师的不同需求和喜好，提升培训效果。同时，还应注重理论与实践相结合，让教师在实践中学习和成长。

（3）精选优质的培训内容。培训内容应精选优质的教育资源和教学案例，确保教师能够学习到最新的教育理念和教学方法。同时，还应注重教学内容的实用性和前瞻性，让教师在培训中能够真正受益。

(4) 加强培训后的跟踪指导。培训结束后，学校和教育机构应加强对教师的跟踪指导，及时了解教师的培训效果和反馈意见。对于存在的问题和不足，应及时进行改进和调整，确保培训成果能够真正提升教学质量。

加强师资培训、提升教学质量是教育发展的重要任务。通过科学的培训计划、多元化的培训方式、优质的培训内容和有效的跟踪指导，可以帮助教师提升教学水平和专业素养，进而提升教学质量。这不仅有助于学生的全面发展和成长，还有助于推动教育事业的持续进步和发展。

综上所述，数字化创业教育资源的有效利用需要明确教育目标、整合优质资源、注重实践应用、实施个性化学习路径、持续更新资源和加强师资培训等多方面的努力。只有这样，才能充分发挥数字化创业教育资源的价值，为培养具有创新精神和实践能力的创业人才提供有力支持。

数字化创业教育资源的创新开发与利用是创业教育发展的重要方向。通过整合优质资源、引入先进技术、加强产学研合作等方式，可以开发出更加丰富、实用、高效的数字化创业教育资源。同时，通过推广普及、个性化推荐、互动反馈等方式，可以有效利用这些资源，提高创业教育的质量和效果。未来，随着技术的不断进步和教育的不断发展，数字化创业教育资源的创新开发与利用将会发挥更加重要的作用，为创业教育的发展注入新的活力和动力。

第四节 创业教育创新成果的评估与推广

在当今社会，创业教育已成为高等教育的重要组成部分，其重要性日益凸显。随着创新创业的浪潮席卷全球，创业教育创新成果的评估与推广显得尤为重要。本节旨在探讨创业教育创新成果的评估标准、方法以及推广策略，以期为创业教育的持续发展提供参考。

一、创业教育创新成果评估的意义

（一）评估是检验创业教育质量的试金石

创业教育创新成果的评估，最直接的作用就是检验创业教育的质量。通过对课程体系、教学方法、实践环节等多个维度的全面评估，可以客观反映创业教育的实际水平，发现其中的不足与问题。这种基于数据的评估结果，能够为创业教育提供明确的改进方向，推动创业教育质量的持续提升。

（二）评估是优化创业教育资源的指南针

创业教育资源的分配与利用，直接关系到创业教育的效果。通过评估，可以清晰地看到哪些资源得到了有效利用，哪些资源存在浪费或不足。这有助于更加精准地投入资源，优化资源配置，使每一份资源都能发挥出最大的价值。同时，评估结果还能够为创业教育资源的进一步拓展与整合提供重要参考。

（三）评估是提升创业教育实效性的关键

创业教育的实效性，是评价其成功与否的核心指标。而评估，正是提升创业教育实效性的关键所在。通过评估，可以及时了解到创业教育在培养学生创业能力、创新精神、社会责任感等方面的实际效果，从而有针对性地调整教学策略、完善课程体系、加强实践教学。这种基于评估的改进，能够使创业教育更加贴近学生的实际需求，更好地满足社会的发展需求。

(四) 评估是促进学生全面发展的助推器

创业教育的目标，不仅仅是培养创业人才，更是促进学生全面发展。通过评估，可以了解到创业教育在培养学生综合素质、拓宽学生视野、增强学生社会责任感等方面的作用与效果。这种基于评估的反馈，更加关注学生的全面发展，可为学生提供更加多元化、个性化的教育服务。同时，评估结果还能够帮助学生更好地认识自己、定位自己、规划自己的职业生涯。

(五) 评估是推动社会进步的催化剂

创业教育不仅仅局限于校园之内，更与社会发展紧密相连。通过评估，可以了解到创业教育在推动社会创新、促进经济发展、缓解就业压力等方面的作用与贡献。这种基于评估的认可与肯定，能够激发社会各界对创业教育的关注与支持，推动创业教育与社会发展的深度融合。同时，评估结果还能够为政府制定相关政策、企业提供人才支持提供重要参考。

创业教育创新成果的评估具有极其重要的意义。它不仅是检验创业教育质量的试金石，更是优化教育资源、提升教育实效性、促进学生全面发展、推动社会进步的催化剂。因此，应当高度重视创业教育创新成果的评估工作，不断完善评估体系、提高评估质量、推动创业教育持续健康发展。

二、评估的内容

(一) 教育过程与方法的评估

在创业教育创新成果的评估中，首先需要对教育过程与方法进行评估。这包括课程体系的完善性、教学方法的创新性、实践教学的丰富性以及师生互动的有效性等方面。课程体系的评估主要看其是否能够覆盖创业的全过程，是否涵盖了从创意产生到企业运营的全链条知识。教学方法的评估则关注其是否能够激发学生的学习兴趣，培养学生的创新思维和创业能力❶。实践教学的评估则要看其是否为学生提供了足够的实践机会，让学生能够在实践中学习和成长。

（二）学生创业能力与素质的评估

学生是创业教育的核心，因此，对学生创业能力与素质的评估是创业教育创新成果评估的重要内容。这包括学生的创新思维、创业技能、团队协作能力、市场洞察力等方面的评估。通过学生的创业计划书、创业项目、创业竞赛成绩等具体成果，可以客观评价学生的创业能力和素质。同时，还需要关注学生在创业过程中的成长和变化，看其是否真正掌握了创业的知识和技能。

（三）创业项目与企业的评估

创业教育不仅仅是理论知识的传授，更重要的是要让学生在实践中学习和成长。因此，对创业项目与企业的评估也是创业教育创新成果评估的重要内容。这包括对创业项目的创新性、可行性、市场潜力等方面的评估，以及对创业企业的运营状况、盈利能力、社会影响力等方面的评估。通过对创业项目与企业的评估，可以了解创业教育的实际效果，发现其中的问题和不足，为改进和优化创业教育提供重要参考。

（四）社会影响力与贡献的评估

创业教育不仅仅是为了培养创业人才，更重要的是要推动社会经济的发展和进步。因此，对社会影响力与贡献的评估也是创业教育创新成果评估的重要内容。这包括创业教育在促进就业创业、推动产业升级、提升社会创新氛围等方面的作用和影响。通过对社会影响力与贡献的评估，可以了解创业教育在社会发展中的价值和地位，激发社会各界对创业教育的关注和支持。

---

❶ 杨文兰：《提升薄弱学校学生高中物理自主探究能力的有效策略探究——以机械能守恒定律为例》，《考试周刊》2023年第30期。

(五) 持续改进与发展的评估

创业教育是一个不断发展、不断创新的过程。因此，对持续改进与发展的评估也是创业教育创新成果评估的重要内容。这包括评估创业教育在应对新挑战、适应新需求、推动新变革等方面的能力和效果。通过对持续改进与发展的评估，可以发现创业教育中的问题和不足，为未来的发展和创新提供重要参考。

创业教育创新成果评估的内容涵盖了教育过程与方法、学生创业能力与素质、创业项目与企业、社会影响力与贡献以及持续改进与发展等多个方面。这些内容的评估不仅有助于全面了解创业教育的实际效果和存在问题，还为未来的发展和创新提供了重要参考。

三、评估的方法

(一) 定量评估方法

定量评估方法主要依赖于数据和量化指标，通过收集和分析创业教育相关的数据，如学生创业计划书数量、创业项目数量、创业成功率等，来客观评价创业教育的成果。这种方法具有客观性强、易于比较和量化的优点，能够直观地反映创业教育的规模、数量和效果。常用的定量评估方法包括统计分析、问卷调查等。

在运用定量评估方法时，需要注意数据的真实性和可靠性，避免数据造假或误导。同时，还需要注意量化指标的合理性和有效性，确保评估结果能够真实反映创业教育的质量和效果。

(二) 定性评估方法

定性评估方法则注重深入了解和分析创业教育过程中的各种现象和事件，通过访谈、观察、案例分析等方式，收集创业教育相关的信息和资料，对创业教育进行主观评价。这种方法能够深入了解创业教育的实际情况，发现其中的问题和不足，为改进和优化创业教育提供重要参考。

在运用定性评估方法时，需要注意访谈对象的代表性和访谈内容的深入性，确保收集到的信息具有代表性和可信度。同时，还需要注意分析方法的科学性和客观性，避免主观臆断和偏见。

（三）混合评估方法

混合评估方法是将定量评估方法和定性评估方法相结合，综合运用多种评估工具和技术，对创业教育进行全面、系统、深入的评估。这种方法能够充分利用定量评估方法的客观性和量化指标的优势，以及定性评估方法的深入性和主观性的优点，形成互补效应，提高评估结果的准确性和有效性。

在运用混合评估方法时，需要根据具体评估对象和评估目标，选择合适的评估工具和技术，并合理设计评估流程和步骤。同时，还需要注意评估过程中的沟通和协作，确保评估工作的顺利进行。

（四）动态评估方法

动态评估方法强调对创业教育过程进行实时监控和动态评估，以及时了解创业教育的进展和变化，并采取相应的措施进行调整和优化。这种方法能够及时发现创业教育中的问题和不足，并对其进行及时纠正和改进，提高创业教育的个性化和实效性。

在运用动态评估方法时，需要建立完善的监控机制和评估体系，确保评估数据的及时性和准确性。同时，还需要加强对创业教育过程的管理和指导，提高教师的专业素养和教学能力，确保创业教育的质量和效果。

创业教育创新成果评估的方法多种多样，每种方法都有其独特的优点和适用范围。在评估过程中，需要根据具体评估对象和评估目标，选择合适的评估方法，并综合运用多种评估工具和技术，以确保评估结果的准确性和有效性。同时，还需要不断探索和创新评估方法，以适应创业教育不断发展和变化的需求。

四、创业教育创新成果的推广

（一）明确推广目的与意义

明确推广创业教育创新成果的目的，就是要将这些优秀的教育成果和实践经验进行广泛传播和应用。创业教育作为培养创新型人才、推动社会经济发展的重要途径，其创新成果不仅代表了教育领域的最新发展动态，也蕴含了丰富的实践经验和成功案例。通过推广，可以将这些成果和经验分享给更多的教师、学生和创业者，激发他们的创业热情和创新思维，帮助他们更好地应对未来的挑战和机遇。

明确推广创业教育创新成果的意义，在于推动整个社会的创新与发展。创业教育不仅仅是一种教育模式或教学方法，更是一种培养创新精神、锻炼创业能力的过程。通过推广创业教育创新成果，可以将创新创业的理念和文化融入社会的各个领域和层面，推动整个社会的创新氛围和创业活力。这不仅有助于培养更多的创新型人才，也有助于推动产业升级和经济发展，为社会的可持续发展注入新的动力。

在明确目的与意义的基础上，还需要进一步思考如何有效地推广创业教育创新成果。这包括选择合适的推广策略、搭建多元化的推广平台、整合优势资源和合作伙伴等方面。同时，还需要注重实践应用与效果评估，确保推广活动的针对性和实效性。

明确推广创业教育创新成果的目的与意义是推广工作的首要任务。只有明确了目的与意义，才能更好地把握推广的方向和重点，确保推广活动的有效性和可持续性。同时，这也有助于激发社会各界对创业教育创新成果的重视和投入，形成全社会共同推动创业教育的良好氛围。

(二) 制定推广策略与计划

在推广创业教育创新成果的征程中，制定明确的推广策略与计划无疑扮演着至关重要的角色。这不仅是因为策略与计划能够为推广活动提供清晰的方向和具体的步骤，更是因为它们能够确保推广活动的系统性和有效性，从而最大程度地发挥创业教育创新成果的价值。

制定明确的推广策略有助于确定推广的核心目标和关键要素。在推广创业教育创新成果时，需要明确想要达到什么样的效果，是提升社会对创业教育的认知度，还是增加创业项目的实际落地数量？同时，还需要确定推广的关键要素，如目标受众、推广渠道、推广内容等。这些核心目标和关键要素将为后续的推广活动提供明确的指导。

制订详细的推广计划能够确保推广活动的有序进行。一个完整的推广计划应该包括推广的时间进程、人员分工、资源分配、预算规划等方面。通过制订详细的推广计划，可以确保每个推广活动都有明确的时间节点和责任人，避免活动之间的冲突和延误。同时，详细的推广计划还有助于更好地管理资源，确保推广活动的顺利进行。

在制定推广策略与计划时，还需要充分考虑目标受众的需求和特点。不同的受众群体对创业教育创新成果的需求和接受程度可能存在差异，因此需要根据目标受众的特点制定不同的推广策略。例如，对于学生群体，可以通过举办创业讲座、开展创业培训等方式激发他们的创业热情；对于企业家和投资者，可以通过展示成功的创业案例和分享创业经验等方式吸引他们的关注。

制定推广策略与计划时还需要注重创新性和实用性。随着时代的发展和社会的进步，传统的推广方式可能已经无法满足现代人的需求。因此，需要不断探索新的推广方式和手段，如利用社交媒体、短视频等新媒体平台进行推广。同时，还需要注重推广活动的实用性，确保推广活动能够真正帮助目标受众解决实际问题，提升他们的创业能力和素质。

在实施推广策略与计划的过程中，还需要注重监控和评估推广效果。通过收集和分析推广活动的数据和反馈，可以了解推广活动的影响力和实际效果，及时发现问题并进行调整。这有助于不断优化推广策略与计划，提高推广活动的针对性和实效性。

制定明确的推广策略与计划是推广创业教育创新成果的关键。只有制定了明确的策略与计划，才能确保推广活动有序进行、系统推进，从而最大程度地发挥创业教育创新成果的价值。同时，这也需要不断探索和创新推广方式和手段，以适应时代的发展和社会的需求。

（三）整合优势资源与合作伙伴

在推广创业教育创新成果的道路上，整合各种优势资源和合作伙伴是一项至关重要的任务。这不仅仅是为了提高推广活动的效率和质量，更是为了确保创业教育创新成果能够广泛传播并产生深远影响。

1. 整合优势资源能够为推广活动提供坚实的物质基础

创业教育创新成果的推广需要投入大量的人力、物力和财力。通过整合政府、企业、高校、科研机构等各方面的资源，可以获得必要的资金、场地、设备和人才支持。这些资源的注入将极大地提升推广活动的规模和影响力，使更多的人能够接触到创业教育创新成果，从而激发其创业热情和创新思维。

2. 整合优势资源有助于提升推广活动的专业性和权威性

创业教育创新成果的推广需要具备一定的专业性和权威性，以吸引目标受众的关注和信任。通过整合相关领域的专家、学者和成功创业者等资源，可以为推广活动提供专业的指导和支持，确保推广内容的准确性和权威性。同时，这些专家、学者和成功创业者的参与也将为推广活动增加吸引力和说服力，提高目标受众的参与度和认同感。

3. 整合合作伙伴能够拓宽推广渠道和增加曝光度

在推广创业教育创新成果的过程中，需要借助各种渠道和平台来扩大影响力和提高曝光度。通过整合合作伙伴，可以利用他们的资源、渠道和影响力来推广创业教育创新成果。例如，与企业合作可以开展创业实践项目，为学生提供实践机会和资金支持；与高校合作可以共同举办创业讲座、创业培训等活动，提高学生对创业教育的认知和兴趣；与政府机构合作可以获得政策支持和宣传推广的机会，提高推广活动的权威性和影响力。

在整合资源和合作伙伴的过程中，还需要注重协同合作和互利共赢。协同合作能够确保各方在推广活动中发挥各自的优势和特长，形成合力推动创业教育创新成果的推广。同时，互利共赢也是合作成功的关键。需要确保各方在合作中都能够获得相应的利益和价值回报，从而激发他们参与合作的积极性和动力。还需要注重建立长期稳定的合作关系。推广创业教育创新成果是一个长期的过程，需要各方共同努力和持续投入。因此，需要与合作伙伴建立长期稳定的合作关系，共同制订长期的推广计划和目标，确保推广活动能够持续进行并取得实效。推广创业教育创新成果需要整合各种优势资源和合作伙伴。这不仅能够为推广活动提供坚实的物质基础和专业的指导支持，还能够拓宽推广渠道和增加曝光度，提高推广活动的效率和影响力。同时，注重协同合作和互利共赢以及建立长期稳定的合作关系也是确保推广活动成功的关键。

（四）搭建多元化的推广平台

在推广创业教育创新成果的道路上，搭建多元化的推广平台是一项不可或缺且至关重要的工作。随着信息时代的快速发展，传统的推广方式已经难以满足现代社会对信息传播的多元化需求，因此，构建一个多元化的推广平台对于确保创业教育创新成果能够广泛、深入地被社会大众所了解和接受显得尤为重要。

1. 覆盖更广泛的受众群体

不同的人群对于信息的获取方式和偏好有所不同，搭建多元化的推广平台意味着能够利用不同的渠道和媒介，如线上社交平台、线下讲座、创业竞赛、媒体采访等，来覆盖更广泛的受众群体。这样一来，无论是热衷于网络社交的年轻人，还是更倾向于传统媒体的中老年人，抑或是身处不同地域、文化背景的人们，都能够通过这些平台接触到创业教育创新成果，从而激发其创业热情和创新思维。

2. 提高信息的传播效率和影响力

不同的推广平台具有不同的传播特点和优势，例如，线上社交平台可以实现信息的即时传播和互动反馈，而线下讲座和创业竞赛则能够提供更深入、更直观的信息交流体验。通过整合这些平台，可以将创业教育创新成果以更加生动、有趣的方式呈现给受众，提高信息的可读性和可视化程度，进而增强信息的传播效率和影响力。同时，多元化的推广平台还能够形成信息传播的合力，通过不同平台之间的互补和联动，使信息在短时间内得到广泛传播和深度讨论，进一步提升创业教育创新成果的社会影响力和认可度。

3. 促进创业教育创新成果的持续更新和优化

通过搭建多元化的推广平台，可以及时收集和分析受众的反馈意见和需求变化，了解他们对于创业教育创新成果的接受程度和期待值。这些信息对于不断完善和优化创业教育创新成果具有重要的参考价值。同时，还可以利用这些平台与受众进行互动和交流，收集他们的创业经验和成功案例，为后续的创业教育创新成果提供更加丰富、更加贴近实际的素材和案例。

在搭建多元化的推广平台时，需要注重以下几点：一是要确保平台的稳定性和安全性,避免因为技术问题导致信息泄露或传播中断;二是要注重平台的用户体验和互动性,提供便捷、高效的信息获取和交流方式;三是要加强平台的宣传和推广力度,提高平台的知名度和影响力;四是要建立长期稳定的合作关系,与合作伙伴共同打造具有地方特色的创业教育创新成果推广平台。

搭建多元化的推广平台是推广创业教育创新成果的重要手段。通过整合各种推广渠道和媒介,可以覆盖更广泛的受众群体,提高信息的传播效率和影响力,促进创业教育创新成果的持续更新和优化。同时,还需要注重平台的稳定性和安全性、用户体验和互动性、宣传和推广力度以及长期稳定的合作关系等方面的工作,以确保推广活动的顺利进行并取得实效。

(五)注重实践应用与效果评估

在推广创业教育创新成果的过程中,注重实践应用与效果评估是确保成果真正落地、产生实效的关键环节。这不仅是对创业教育创新成果价值的直接体现,也是推动创业教育持续发展的重要动力。

1. 实践应用是推广创业教育创新成果的核心目标

创新成果如果只是停留在理论层面或展示阶段,那么它的价值和意义就会大打折扣。只有通过实践应用,才能真正检验成果的可行性和有效性,进而将其转化为实际的教育效果和社会价值。在推广过程中,应该积极寻求与各类教育机构、企业、社会组织等合作的机会,将创新成果应用于实际的创业教育中,让更多的学生受益。

2. 实践应用能够促进创业教育创新成果的进一步完善

在实践过程中,往往会发现一些原先设计上的不足或漏洞,这些都是推动创新成果进一步完善的宝贵机会。通过收集和分析实践应用的反馈意见,可以对创新成果进行针对性的改进和优化,使其更加符合实际需求,更具操作性和实用性。这种持续改进的过程,不仅能够提升创新成果的质量,也能够增强其在实践中的适应性和竞争力。

3. 效果评估是推广创业教育创新成果的必要手段

通过效果评估,可以了解创新成果在实际应用中的效果和影响,为后续的推广和改进提供科学依据。效果评估应该包括多个方面,如学生的创业意愿和能力的提升程度、创业项目的成功率和质量、社会对创业教育的认可度和支持度等。这些评估指标应该具有客观性、可衡量性和可操作性,能够全面、准确地反映创新成果的实际效果。

在效果评估的过程中,应该注重数据的收集和分析。通过收集实践应用中的相关数据,可以对创新成果的效果进行量化分析,更加准确地了解其优势和不足。同时,还可以利用数据分析工具和方法,对评估结果进行深入的挖掘和解读,发现其中的规律和趋势,为后续的推广和改进提供更加科学的依据。效果评估还需要注重反馈机制的建立。应该积极收集来自学生、教师、企业、社会等各方面的反馈意见,了解他们对创新成果的认可度和改进建议。这些反馈意见是改进创新成果的重要依据,也是推动创业教育持续发展的重要动力。应该建立有效的反馈机制,确保这些意见能够及时、准确地传达给相关的责任人和团队,促进创新成果的持续改进和优化。

推广创业教育创新成果需要注重实践应用与效果评估。通过实践应用,可以将创新成果转化为实际的教育效果和社会价值;通过效果评估,可以了解创新成果的实际效果和影响,为后续的推广和改进提供科学依据。这两个环节相互依存、相互促进,共同推动创业教育创新成果的落地生根和持续发展。

(六)建立长效的推广机制

在推广创业教育创新成果的道路上,建立长效的推广机制是确保成果持续发挥影响力和价值的关键所在。长效的推广机制不仅意味着推广活动的持久性和稳定性，更代表着一种系统化和规范化的运作方式，使创业教育创新成果能够长期、稳定地为社会所知晓、接受并应用。

1. 确保推广活动的持续性和稳定性

创业教育的创新成果往往需要在长期的推广过程中不断积累经验和影响力，才能逐渐深入人心，产生广泛的社会效应。因此，建立长效的推广机制，意味着需要有明确的推广目标、稳定的推广团队、持续的推广资源和合理的推广计划，以确保推广活动能够持续、稳定地进行，不断推动创业教育创新成果的传播和应用。

2. 提升推广活动的系统性和规范性

在推广创业教育创新成果的过程中，需要遵循一定的推广规律和原则，确保推广活动能够有序、高效地进行。通过建立长效的推广机制，可以制定详细的推广流程和规范，明确各个环节的职责和要求，确保推广活动能够按照既定的计划和目标进行，避免出现混乱和失误。同时，长效的推广机制还能够促进推广活动的持续改进和优化，不断提升推广效果和质量。

3. 增强推广活动的针对性和实效性

通过建立长效的推广机制，可以更加深入地了解目标受众的需求和特点，制定更加精准、有效的推广策略。例如，可以针对不同群体制定不同的推广方案，利用不同的推广渠道和媒介进行传播，以便最大程度地提升推广活动的覆盖面和影响力。同时，长效的推广机制还能够及时反馈推广效果，帮助了解推广活动的实际情况和效果，以便及时调整和优化推广策略，确保推广活动能够取得实效。

在建立长效的推广机制时，需要注重以下几个方面：一是要明确推广目标和定位，确保推广活动能够符合创业教育的实际需求和发展方向；二是要建立健全的推广团队和组织架构，确保推广活动能够有专业、高效的人员负责实施；三是要制订详细的推广计划和预算，确保推广活动能够有足够的资源和资金支持；四是要建立有效的反馈机制和评估体系，及时收集和分析推广效果数据，为后续的推广和改进提供科学依据。

推广创业教育创新成果需要建立长效的推广机制。通过确保推广活动的持续性和稳定性、提升推广活动的系统性和规范性、增强推广活动的针对性和实效性以及注重推广机制的建设和完善等方面的工作，可以为创业教育创新成果的推广提供更加坚实、有力的支持，推动创业教育事业的持续发展和创新。创业教育创新成果的评估与推广是创业教育持续发展的重要保障。通过制定科学的评估标准和方法，全面客观地评价创业教育的效果和质量；通过采取有效的推广策略和方法，将优秀的创业教育创新成果传播出去，让更多的人所知晓和受益。未来，还需要不断探索和实践新的评估和推广模式，以推动创业教育的不断创新和发展。

第六章　数字化创业教育的挑战与对策

第一节　数字化创业教育面临的问题与挑战

随着信息技术的迅猛发展和数字经济时代的到来，数字化创业教育逐渐成为教育领域的新热点。然而，在实际推行过程中，数字化创业教育面临着诸多问题与挑战，这些难题亟待深入剖析并寻求解决之道，如图 6-1 所示。

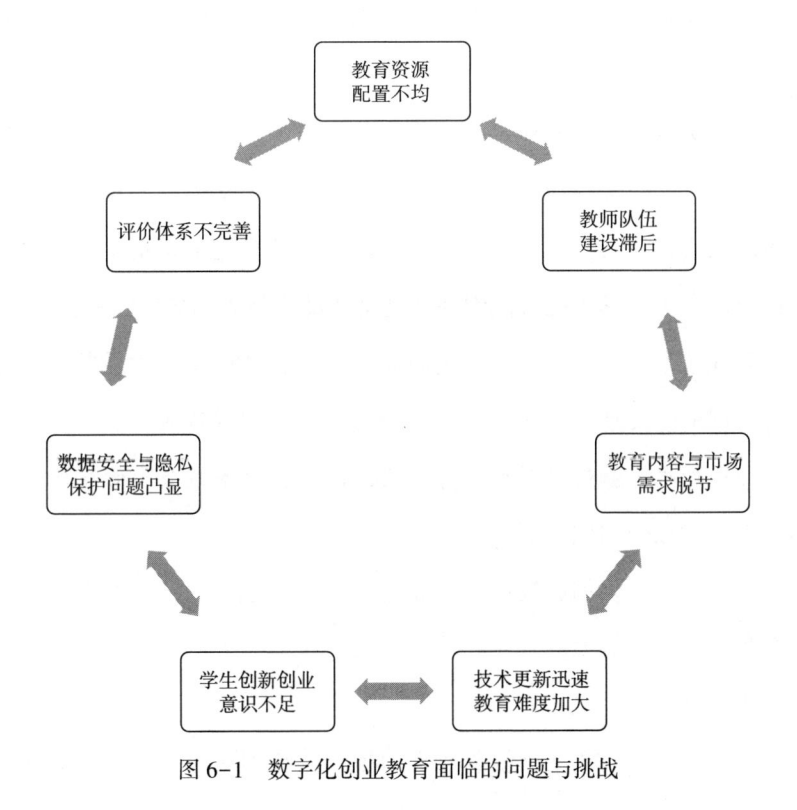

图 6-1　数字化创业教育面临的问题与挑战

一、教育资源配置不均

数字化创业教育资源配置不均是当前教育领域面临的一个重要问题。随着数字化技术的快速发展和创业教育的日益普及，数字化创业教育已经成为培养学生创新创业能力、推动社会经济发展的关键一环。然而，资源的配置不均却严重制约了数字化创业教育的发展。

要明确什么是数字化创业教育资源配置不均。这主要体现在不同地区、不同学校之间在数字化创业教育资源的投入和分配上存在着显著的差异。一些发达地区的学校或者重点学校，由于经济实力雄厚，能够投入大量的资金购买先进的教学设备、软件以及优质的教学资源，从而为学生提供丰富的数字化创业教育内容。然而，在一些经济相对落后的地区或者普通学校，由于缺乏足够的资金支持，数字化创业教育资源的配置就显得捉襟见肘。

数字化创业教育资源配置不均带来的问题显而易见。首先，它加剧了教育的不平等性。那些拥有丰富资源的学校能够为学生提供更好的学习环境和更多的实践机会，从而让学生在创新创业的道路上走得更远。而那些资源匮乏的学校，学生则可能因为缺乏必要的支持和引导而错失良机。

资源配置不均也影响了数字化创业教育的整体质量。优质的资源是推动教育发展的重要动力，如果一些学校无法获得这些资源，那么他们的数字化创业教育水平就难以得到提升。长此以往，这不仅会阻碍学生的个人发展，也会对社会的创新创业环境产生不良影响。

如何解决数字化创业教育资源配置不均的问题呢？这需要政府、学校和社会各界的共同努力。

1. 政府方面

政府应该加大对数字化创业教育的投入，特别是对于经济落后地区的学校,要给予更多的政策倾斜和资金支持。同时,政府还可以引导社会资本进入数字化创业教育领域,通过公私合营、校企合作等方式,拓宽资金来源,优化资源配置。

2. 学校方面

学校之间也应该加强合作与交流,实现资源共享。重点学校可以发挥自身优势,为普通学校提供技术支持和资源共享,帮助他们提升数字化创业教育的水平。此外,学校还可以积极与企业、行业协会等合作,共同开发数字化创业教育课程,提供更贴近市场需求的教学内容。

3. 社会方面

社会各界也应该关注数字化创业教育的发展,为其提供必要的支持和帮助。例如,企业可以提供实习机会和就业岗位,帮助学生将所学知识转化为实际能力;媒体可以加大对数字化创业教育的宣传力度,提高社会的认可度和参与度。

数字化创业教育资源配置不均是一个复杂而严峻的问题,需要政府、学校和社会各界的共同努力来寻求解决方案。只有通过优化资源配置、加强合作与交流、提高教育质量等措施,才能真正推动数字化创业教育的普及与发展,为社会的创新创业事业注入源源不断的活力。

二、教师队伍建设滞后

数字化创业教育教师队伍建设滞后是当前制约数字化创业教育发展的一个重要因素。随着数字化技术的飞速发展和创业教育的深入推进,培养一支高素质、专业化的数字化创业教育教师队伍显得尤为重要。然而,目前教师队伍建设的现状却不容乐观,存在着明显的滞后现象。

目前,许多学校在开展数字化创业教育时,面临着教师队伍整体素质不高、专业化水平不够的问题。一些教师虽然具备丰富的教学经验,但对数字化技术和创业教育理念的理解和应用还存在一定的差距。同时，由于数字化创业教育是一个相对较新的领域，很多教师在接受相关培训时，难以快速掌握所需的知识和技能，导致他们在教学中无法充分发挥数字化技术的优势。

教师队伍建设的滞后对数字化创业教育产生了诸多不良影响。首先，它无法保障数字化创业教育的教学质量。教师队伍的整体素质和专业水平直接影响到教学效果，如果教师队伍建设滞后，那么教学质量就难以得到保障。其次，它影响了学生的学习效果。学生是数字化创业教育的直接受益者，如果教师队伍不具备相关的专业知识和技能，那么学生就无法从教学中获得真正的收益。最后，它制约了数字化创业教育的长远发展。教师队伍是教育发展的核心力量，如果队伍建设滞后，那么数字化创业教育就难以持续推进。

为了改进数字化创业教育教师队伍建设滞后的现状，可以从以下4个方面入手。

1. 加强教师培训

针对数字化创业教育教师队伍的实际情况，制订个性化的培训计划，提升教师的专业素养和教学能力。培训内容可以包括数字化技术的基础知识、创业教育的教学理念和方法等。同时，鼓励教师积极参加各类学术交流活动，拓宽视野，提升教学水平。

2. 引进优秀人才

通过提高待遇、优化工作环境等方式，吸引更多的优秀人才加入数字化创业教育教师队伍中。这些人才可以带来新的教学理念和方法，推动数字化创业教育的创新发展。

3. 建立完善的激励机制

通过设立教学奖励、提供晋升机会等方式，激发教师的教学热情和创新能力。同时，建立教师评价体系，将教师的教学质量、科研成果等方面纳入评价范围，推动教师队伍的持续优化。

4. 加强校企合作

学校可以与企业合作，共同培养数字化创业教育教师。企业可以提供实践机会和技术支持，帮助教师更好地理解和掌握数字化技术，提升他们的实践教学能力。

三、教育内容与市场需求脱节

数字化创业教育内容与市场需求脱节这一表述，揭示了当前数字化创业教育面临的一个重要问题。在快速发展的数字化时代，创业教育的重要性日益凸显，然而，目前很多数字化创业教育的内容却与市场需求存在明显的脱节现象。

数字化创业教育内容与市场需求脱节的具体表现有两方面。一方面，一些数字化创业教育的内容过于理论化，缺乏实际操作性和市场导向性。这些教育内容可能更多地关注创业理论、商业模式等概念性知识，而忽视了市场需求的快速变化和创业实践中的具体问题。另一方面，部分数字化创业教育课程未能及时更新，无法跟上时代发展的步伐。随着科技的飞速发展和市场环境的不断变化，新的创业领域和商业模式层出不穷，而教育内容的滞后使得学生难以接触到最新的市场信息和创业趋势。

这种脱节现象对数字化创业教育的影响是深远的。首先，它降低了教育的实用性和针对性，使得学生在实际创业过程中面临诸多困难。如果教学内容无法与市场需求相契合，那么学生在创业时就可能因缺乏应对市场变化的能力，导致创业失败的风险增加。其次，脱节现象也减少了数字化创业教育的吸引力和影响力。当学生发现所学内容与市场需求存在较大差异时，他们可能会对教育的价值产生怀疑，从而降低对数字化创业教育的兴趣和参与度。

解决数字化创业教育内容与市场需求脱节的问题，需要从多个方面入手。首先，教育机构应加强与市场和企业的联系，及时了解市场动态和创业趋势，以便调整教学内容和方式。通过与企业合作、开展市场调研等方式，教育机构可以获取第一手的市场信息，使教学内容更加贴近实际需求。

数字化创业教育应注重实践性和创新性。除了传授基本的创业理论和知识外，还应增加实践环节和创新思维的培养。例如，可以通过模拟创业、项目实训等方式，让学生在实践中掌握创业技能和市场洞察力。同时，鼓励学生关注新兴领域并发现创新点，培养他们的创新思维和创业精神。

政府和社会各界也应加强对数字化创业教育的支持和引导。政府可以提供政策扶持和资金支持，推动教育机构与企业的合作，共同打造符合市场需求的数字化创业教育体系。社会各界则可以通过宣传和推广优秀的创业案例和经验，提高社会对数字化创业教育的认知度和认可度。

四、技术更新迅速，教育难度加大

数字化创业技术更新迅速，教育难度加大这句话，深刻地揭示了当前数字化创业教育领域所面临的一大挑战。随着科技的不断进步和创新发展，数字化创业技术日新月异，这无疑为创业教育带来了前所未有的难度。

在过去，创业教育可能更多地关注传统的商业模式和创业理念。然而，在数字化时代，新的技术和商业模式层出不穷，如大数据、人工智能、云计算等，这些都为创业者提供了无限的可能。但是，这也意味着教师需要不断学习和更新自己的知识体系，以便能够向学生传授最新、最实用的创业技能和知识。

数字化创业技术的迅速更新也使得教育内容的选择变得更加困难。教师需要在众多的技术和工具中挑选出最适合学生的教学内容，这无疑增加了教育的复杂性和不确定性。同时，由于技术的更新换代速度极快，今天所教授的内容可能在明天就已经过时，这也要求教师具备敏锐的市场洞察力和前瞻性思维。

数字化创业技术的专业性也增加了教育的难度。与传统的创业教育相比，数字化创业教育涉及更多的技术细节和专业知识。这就要求教师不仅具备丰富的创业经验，还需要有深厚的技术背景。这无疑提高了教育的门槛，也使得优秀教育资源的稀缺性更加凸显。

面对这些挑战，应该如何应对呢？

首先，教师需要树立终身学习的理念，不断跟进数字化创业技术的最新发展。通过参加专业培训、阅读行业资讯、与业界专家交流等方式，教师可以保持对新技术和新模式的敏感度，从而及时调整教学内容和策略。其次，教育机构可以加强与企业和行业的合作，共同打造实战性强、贴近市场需求的创业教育课程。通过校企合作、产学研结合等方式，教育机构可以引入更多的实战案例和实践机会，帮助学生更好地理解和掌握数字化创业技术。再次，教育机构还可以利用现代技术手段，如在线教育平台、虚拟现实技术等，创新教学方式和方法。这些技术手段不仅可以突破时间和空间的限制，为学生提供更加灵活多样的学习选择[1]，还可以模拟真实的创业环境，让学生在实践中学习和成长[2]。最后，政府和社会各界也应加大对数字化创业教育的支持和投入。通过制定优惠政策、提供资金支持、建立创业孵化器等措施，政府和社会可以为数字化创业教育创造良好的外部环境，促进教育资源的优化配置和教育质量的提升。

---

[1] 师莹：《语块理论促进科技英语翻译教学的行动研究》，《高教学刊》2019年第6期。
[2] 王庭如：《问题导向的视觉传达专业毕业设计教学改革思路》，《百科知识》2023年第27期。

五、对学生创新创业意识培养不足

学生创新创业意识不足是当前教育领域需要关注的一个重要问题。在数字化时代，创新创业能力已经成为衡量人才的重要标准之一，而学生缺乏创新创业意识，则可能限制了他们未来的发展潜力，降低了他们的社会竞争力。

在当今社会，虽然创新创业的口号喊得响亮，但实际上，很多学生在面对创业机会时，往往犹豫不决，缺乏足够的勇气和决心。他们可能对于传统的就业模式更为依赖，而对于数字化创业中这一新兴领域则持保守态度。此外，即使在选择了数字化创业道路的学生中，也有不少人缺乏创新思维和市场洞察力，难以在激烈的竞争中脱颖而出。

造成数字化创业中学生创新创业意识不足的原因是多方面的。首先，传统的教育观念注重知识的传授而忽视能力的培养，导致学生缺乏实践经验和创新思维。在这种环境下，学生的创造力和想象力受到限制，难以培养出具有创新创业精神的人才。其次，学校对于数字化创业教育的重视程度不够，缺乏相关课程和资源的投入，也使得学生难以接触到最新的创业理念和技能。最后，社会环境和家庭背景也会对学生的创新创业意识产生影响。如果学生所处的环境缺乏创业氛围和成功案例的激励，那么他们就很难自发地产生创新创业的想法。

为了培养学生的创新创业意识，需要从多个方面入手。首先，学校应转变教育观念，注重学生的实践能力和创新思维的培养。通过开设创新创业课程、组织实践活动、举办创业竞赛等方式，激发学生的创造力和想象力，培养他们的创新创业精神[1]。同时，学校还应加强与企业和社会的联

---

[1] 彭华涛、吴嘉雯、刘勤：《数字赋能视角的全周期创业教育模式与路径研究》，《高等工程教育研究》2023年第4期。

系，为学生提供更多的实践机会和资源支持❶。

教师需要更新教学方法和手段，引导学生主动探究和发现问题。在教学过程中，教师应注重培养学生的批判性思维和问题解决能力，鼓励他们勇于尝试和不断创新。此外，教师还可以邀请成功的创业者来校分享经验，为学生提供真实的创业案例和启示。

家庭和社会也应共同营造良好的创新创业环境。家长应支持孩子的创业梦想，鼓励他们勇于尝试和面对失败。社会则应加大对数字化创业的支持力度，为创业者提供更多的政策扶持和资源保障。

学生创新创业意识不足是一个需要引起关注的问题。通过转变教育观念、更新教学方法、加强实践机会以及营造良好的创新创业环境等措施，可以逐步培养学生的创新创业意识，为数字化时代的发展注入新的活力和动力。这将有助于提高学生的综合素质和社会竞争力，同时也将推动社会的进步和发展。

六、数据安全与隐私保护问题凸显教育欠缺

数字化创业数据安全与隐私保护问题凸显，这句话揭示了数字化创业浪潮中日益严峻的数据安全问题和隐私保护挑战。随着数字化技术的迅猛发展，创业者们纷纷涌入这一领域，探索新的商业模式和市场机会。然而，在享受数字化带来的便捷与高效的同时，数据安全和隐私保护的问题也逐渐浮出水面，成为创业者和社会公众共同关注的焦点。

数字化创业中，数据是核心的资源，它承载着企业的商业机密、客户信息以及运营数据等关键内容。然而，由于技术漏洞、人为操作失误或恶意攻击等原因，数据泄露的风险与日俱增。一旦数据被非法获取或滥用，

---

❶ 殷桥：《基于"项目+竞赛"双驱动的创新创业课程教学改革与实践》，《科技风》2023年第27期。

不仅会对企业造成重大损失，还可能危及客户的个人隐私，甚至引发法律纠纷。同时，随着大数据、云计算等技术的广泛应用，个人隐私保护也面临着前所未有的挑战。在数字化创业过程中，企业往往需要收集和处理大量个人数据以优化服务或进行市场分析。然而，如果这些数据未能得到妥善保护，就可能被不法分子利用，导致个人信息泄露、电信诈骗等问题的发生。

面对以上安全性问题，数字化创业教育也存在不足。首先，数字化教育课程对数据安全与隐私保护意识教育不足；其次，在数字化创业教育过程中缺少数据安全与隐私保护的实践环节导致相应技术训练不足；最后，对数字化创业教育中数据安全与隐私保护的相关法律法规的教育不足。

面对这些挑战，数字化创业者必须高度重视数据安全与隐私保护问题。首先，企业应建立完善的数据安全管理制度，明确数据的收集、存储、使用和处置等环节的规范操作。通过加密技术、访问控制等手段，确保数据在传输和存储过程中的安全性。创业者应提高员工的数据安全意识，通过定期培训和演练，使员工熟练掌握数据安全防护技能。同时，企业还应建立数据泄露应急响应机制，以便在发生数据泄露事件时能够迅速应对，减轻损失。政府和相关部门也应加强对数字化创业数据安全和隐私保护的监管力度。通过制定严格的法律法规和标准规范，明确企业的数据安全责任和义务。对于违反规定的企业，应依法予以严惩，以儆效尤。最后，社会公众也应提高自身的数据安全意识和隐私保护意识。在使用数字化服务时，要仔细阅读隐私政策，了解自己的数据如何被收集和使用。遇到可疑情况时要及时报警并寻求专业帮助。

基于以上对创业者的要求，数字化创业教育首先要加强学生创业过程中的安全与隐私保护意识，提供相关案例使学生认识到安全问题的重要性，鼓励学生在创业项目中主动考虑数据安全与隐私保护问题。其次，将数据安全与隐私保护作为数字化创业教育的重点内容之一，系统地教授相关法律法规、技术手段与管理办法，增强学生相关的法律认识，提升学生安全管理能力。最后为学生提供实践机会，可以进行校企合作，通过实践培养学生数据安全与隐私保护的方案设计、应用管理等能力。

技术创新也是解决数字化创业数据安全与隐私保护问题的重要途径。随着技术的不断进步发展，更加先进的数据加密技术、匿名化处理技术以及数据访问控制技术等将应用于数字化创业中，为数据安全和隐私保护提供更加坚实的保障。

数字化创业数据安全与隐私保护问题凸显不容忽视。通过企业自律、政府监管、技术创新以及社会公众的共同努力，可以构建一个更加安全、可靠的数字化创业环境，为创新创业提供有力保障。

七、忽视评价体系不完善问题

数字化创业评价体系不完善这一表述，揭示了当前数字化创业领域面临的一个重要问题。评价体系是衡量创业项目或企业成功与否的重要标准，而在数字化创业领域，这一体系的不完善已经成为制约其进一步发展的关键因素。

深入探讨数字化创业评价体系不完善所带来的具体问题可以发现，由于数字化创业的特殊性，其评价体系应当涵盖技术创新、市场前景、团队能力、商业模式等多个方面。然而，现有的评价体系往往过于侧重某些方面，如单一的财务指标或用户数量，而忽视了其他同样重要的因素。这种不完善的评价体系可能导致优秀的创业项目被忽视，甚至因为不符合某些片面的评价标准而遭到淘汰。

数字化创业评价体系不完善对创业者、投资者和市场都产生了不良影响。对于创业者来说，缺乏完善的评价体系意味着他们难以获得客观、全面的反馈，从而无法准确评估自己的项目或企业。这可能导致他们在创业过程中迷失方向，甚至做出错误的决策。对于投资者而言，不完善的评价体系增加了投资风险。他们可能因为缺乏准确的评估标准而错过有潜力的项目，或者将资金投入风险较高的项目中。对于市场来说，评价体系的不完善可能导致资源分配的不合理和市场效率的降低。

解决数字化创业评价体系不完善的问题，可以从以下几个方面入手进行改进。

1. 建立多元化的评价标准

数字化创业评价体系应该涵盖多个方面，包括技术创新、市场前景、团队能力、商业模式、社会价值等。通过综合考虑这些因素，可以更全面地评估一个创业项目或企业的潜力和价值。同时，不同的创业项目和创业阶段可能需要不同的评价标准，因此评价体系应具备灵活性和可定制性。

2. 引入专业评价机构和专家意见

为了提高评价的准确性和客观性，可以引入专业的评价机构和专家意见。这些机构和专家具有丰富的行业经验和专业知识，能够提供更深入、更全面的评价。同时，他们的意见也可以为创业者和投资者提供更多的参考和借鉴。

3. 加强数据收集和分析能力

数字化创业评价体系需要建立在充分的数据基础上。因此，应该加强数据收集和分析能力，以便更准确地评估创业项目或企业的表现。这包括收集和分析市场数据、用户反馈、财务数据等多个方面的信息。通过数据分析，可以发现潜在的问题和机会，为创业者和投资者提供更有价值的建议。

4. 建立动态评价机制

数字化创业是一个快速发展的领域，因此评价体系也需要与时俱进。应该建立动态评价机制，定期更新评价标准和方法，以适应市场的变化和创业项目的发展需求。同时，动态评价机制还可以帮助发现并及时调整创业过程中的问题，提高创业成功率。

　　为实现数字化创业评价体系的改进策略，在数字化创业教育过程中，第一，要培养学生的综合能力，即技术创新能力、市场分析能力、团队合作能力、商业模式设计能力以及社会价值创造能力等多方面的能力，帮助学生树立多元评价思维，以实现多元化的评价机制的建立。第二，开设数据分析相关课程，帮助学生掌握使用数据分析工具进行数据的收集与分析。第三，数字化创业教育过程中时刻关注有关评价标准、方法与技术等方面的前沿动态，将最新动态与技术及时传授给学生。

　　数字化创业评价体系不完善是一个亟待解决的问题。通过建立多元化的评价标准、引入专业评价机构和专家意见、加强数据收集和分析能力以及建立动态评价机制等措施，可以逐步完善数字化创业评价体系，为创业者、投资者和市场提供更准确、更全面的评估和支持。数字化创业教育作为培养新时代创新创业人才的重要途径之一，正面临着诸多问题和挑战，但同时也孕育着无限的发展机遇，只有不断探索和创新才能推动其持续健康发展，为社会培养出更多优秀的创新创业人才。

第二节　应对数字化创业教育挑战的对策

　　随着科技的飞速发展和数字化转型的深入推进，数字化创业教育已经成为教育领域的一个热门话题。然而，在实际操作过程中，数字化创业教育面临着诸多挑战[1]，如教育资源的不均衡、教学方法的陈旧、学生实践

---

[1] 张健丽：《专业群视角下汽车专业创新创业教育的实践研究》，《产业创新研究》2023年第15期。

能力的欠缺等。为了有效应对这些挑战，提升数字化创业教育的质量和效果，需要采取一系列切实可行的对策。

一、加强数字化创业教育师资队伍建设

在数字化时代，创业已经成为推动社会发展的重要动力之一。而数字化创业教育，作为培养新一代创业者的重要途径，其重要性日益凸显。然而，要想真正培养出具备数字化思维和创业能力的优秀人才，需要加强数字化创业教育师资队伍建设。意味着需要从数量和质量两个方面进行全面提升。

在数量方面，需要增加专门从事数字化创业教育的教师人数，确保有足够的教育资源来支撑这一领域的发展。各高校和职业培训机构应加大对数字化创业教育专业教师的招聘力度，吸引更多有志于从事这一行业的优秀人才加入。在加强师资队伍建设的过程中，还应注重对教师的职业道德和教育教学理念的培养。数字化创业教育不仅仅是知识的传授，更是一种价值观和思维方式的培养。建立完善的评价和激励机制也是加强师资队伍建设的关键环节。根据教师的教学质量、科研成果、社会服务等多方面进行综合评价，对表现优秀的教师给予相应的奖励和晋升机会，从而营造出一个积极向上、充满活力的教育环境。因此，教师需要具备高尚的职业道德，能够以身作则，引导学生树立正确的创业观念和价值观。

在质量方面，提升教师的专业素养和教学能力则显得尤为重要。数字化创业教育涉及多个领域的知识，包括市场营销、技术创新、商业模式设计等，这就要求教师不仅要有深厚的理论知识，还要有丰富的实践经验。因此，需要通过定期的培训、研讨和交流活动，不断更新教师的知识储备，提升他们的教学技能。

为了保持师资队伍的活力与创新性，还可以引入竞争机制，鼓励教师

在教学方法、课程内容等方面进行创新和探索。例如，可以设立教学创新奖，对在数字化创业教育方面做出突出贡献的教师进行表彰和奖励，从而激发整个师资队伍的创新热情。

与企业和行业的紧密合作也是加强师资队伍建设的重要途径。通过校企合作，教师可以更深入地了解行业的最新动态和市场需求，从而将这些宝贵的实践经验反哺到教学中。企业也可以为学校提供实习和实践的机会，帮助学生和教师更好地理解和应用数字化创业的理念和方法。

二、完善数字化创业教育课程体系

在数字化浪潮席卷全球的今天，创业教育显得尤为重要。而完善数字化创业教育课程体系，更是提升创业教育质量、培养新时代创业人才的关键所在。这一体系的完善，不仅关乎创业教育内容的全面性和深度，还直接影响到受教育者的创业思维、技能培养以及未来的创业成功率。

完善数字化创业教育课程体系，这意味着课程体系不仅要涵盖创业的基本理论、方法和技能，还要涉及数字化时代创业的新趋势、新挑战。例如，课程中可以加入大数据分析、人工智能应用、电子商务运营等现代商业技能的培养，使学生能够更好地适应数字化时代的创业环境。课程体系应该注重理论与实践的结合。理论知识是创业的基础，但实践才是检验真理的唯一标准。因此，课程体系中应包含丰富的实践环节，如企业实地参观、创业项目策划与实施、市场调研等，让学生在实践中深化理论知识的理解和应用，同时培养解决实际问题的能力。课程体系应体现出个性化和差异化。不同的学生有不同的兴趣、特长和职业规划，课程体系应提供多样化的选修课程，以满足学生的个性化需求❶。例如，可以开设针对不同

---

❶ 丁剑：《"1+X"证书制度与会计专业人才培养模式融合研究》，《营销界》2023年第12期。

行业的创业课程，或者提供创业心理辅导、创业法律风险等辅助课程，帮助学生构建完整的创业知识体系。

完善课程体系还需要不断更新和优化。数字化时代变化迅速，新的创业模式、技术和市场趋势层出不穷。课程体系应与时俱进，及时纳入最新的创业理论和实践成果，确保教育内容的时效性和实用性。

在实施过程中，教育机构和教师也扮演着重要角色。他们不仅是课程体系的构建者和实施者，更是学生学习和成长的引导者。因此，教师需要不断提升自身的专业素养和教育教学能力，以更好地传授创业知识和技能。

教育机构应建立有效的评估和反馈机制，定期对课程体系进行评估和调整。通过收集学生、教师和社会的反馈意见，及时发现课程体系中存在的问题和不足，进而进行针对性的改进和优化❶。

完善数字化创业教育课程体系还需要社会各界的支持和参与。政府、企业和社会组织等应加强与教育机构的合作，提供实习实践机会、资金支持或创业指导等，共同推动数字化创业教育的发展。

完善数字化创业教育课程体系是一个持续不断的过程，需要教育机构、教师、学生和社会的共同努力。通过构建全面性、前瞻性、实践性强且个性化的课程体系，能够更好地培养新时代的创业人才，为社会的创新和发展注入源源不断的活力。

三、创新数字化创业教育教学方法

随着数字化技术的飞速发展和普及，传统的创业教育方法已经难以满足现代学生的需求。因此，创新数字化创业教育教学方法显得尤为重要，

---

❶ 李健：《农村初中英语教学中翻转课堂的实践研究》，《学周刊》2022年第17期。

第六章 数字化创业教育的挑战与对策

它不仅能够提升学生的学习兴趣和效果，还能够培养学生的创新思维和创业能力。在这一背景下，探索和实施创新的教学方法成为数字化创业教育的重要课题。

创新数字化创业教育教学方法的首要任务是引入现代教育技术。例如，利用多媒体教学工具，通过视频、音频、动画等形式，将抽象的创业理论知识变得生动、形象，更易于学生理解和掌握。此外，还可以利用在线学习平台，为学生提供更加灵活自主的学习方式，让学生能够根据自己的时间和进度进行学习。除了利用现代教育技术外，创新教学方法还应注重学生的实践参与。例如，可以采用项目式学习法，让学生围绕真实的创业项目展开学习，通过实际操作来掌握创业技能和方法。这种教学方法不仅能够提升学生的实践能力，还能够培养学生的团队协作精神和创新意识。案例教学也是创新数字化创业教育教学方法的重要手段。通过分析真实的创业案例，学生可以深入了解创业的全过程，包括市场调研、商业模式设计、融资筹划等关键环节。案例教学能够帮助学生将理论知识与实际应用相结合，提升其解决实际问题的能力[1]。同时，创新教学方法还应注重培养学生的批判性思维和创新能力。在教学过程中，教师可以设置开放性问题，引导学生进行思考和讨论，激发其创新思维。此外，还可以组织创业竞赛、创新项目等活动，为学生提供展示自己创新能力的平台。在实施创新教学方法的过程中，教师角色的转变也至关重要。教师不再是单纯的知识传授者，而应成为学生学习的引导者和合作者。教师需要不断更新自己的教育理念和教学技能，以适应数字化时代创业教育的需求。

创新数字化创业教育教学方法还需要与课程体系、教学资源等相互配合。教学方法的创新应基于完善的课程体系和丰富的教学资源之上，以确

---

[1] 李超锋：《数字化赋能智慧物流岗位变迁及其人才培养思考》，《广东轻工职业技术学院学报》2023 年第 4 期。

保教学的系统性和连贯性。创新教学方法并非一蹴而就，而是需要不断探索和实践。教育机构和教师应保持开放的心态，勇于尝试新的教学方法，并根据学生的反馈和教学效果进行及时调整和优化。创新数字化创业教育教学方法还需要得到社会各界的支持和认可。政府、企业和社会组织等应加大对创新教学方法的宣传和推广力度，为其提供更多的资源和支持。

创新数字化创业教育教学方法是提升创业教育质量、培养创新人才的重要途径。通过引入现代教育技术、注重实践参与、采用案例教学、培养批判性思维和创新能力等手段，能够更好地满足数字化时代学生的需求，为社会的创新和发展做出更大的贡献。

四、加强数字化创业教育实践平台建设

在数字化时代，创业教育的重要性日益凸显，而实践平台作为创业教育的重要组成部分，其建设质量直接关系到创业教育的成效。因此，加强数字化创业教育实践平台建设，对于提升学生的创业实践能力和创新精神具有深远的意义。

加强数字化创业教育实践平台建设，首先要明确实践平台的目标定位。这不仅仅是一个提供学生实践机会的场所，更是一个连接学校、企业、政府等多方资源，共同推动创业教育发展的桥梁。通过实践平台，学生能够将课堂上学到的理论知识应用到实际中，提升解决实际问题的能力，同时也能够接触到更多的创业资源和市场机会，为未来的创业之路打下坚实的基础。

在实践平台的建设过程中，应该充分利用数字化技术，打造一个集信息共享、资源对接、项目孵化、经验交流等多功能于一体的综合性平台。通过大数据、云计算等先进技术，可以实时更新市场动态、行业趋势等信息，为学生提供最新、最全面的创业资讯。同时，利用线上线下的交流渠

道，可以邀请成功创业者、行业专家等进行经验分享，激发学生的学习热情和创业灵感。实践平台还应该提供充足的资源对接机会。这包括与企业的合作、政府的政策支持、投资基金的对接等。通过与企业的合作，学生可以更深入地了解行业的运作模式和市场需求，同时也能够获得更多的实习和就业机会。政府的政策支持和投资基金的对接，则能够为学生提供更多的创业资金和资源，降低创业门槛，提高创业成功率。

在项目孵化方面，实践平台应该建立完善的孵化机制，为学生的创业项目提供全方位的支持和服务。这包括项目策划、市场调研、融资筹划、团队组建等各个环节。通过专业的指导和帮助，学生可以更好地将创意转化为实际的创业项目，实现创业梦想。

同时，加强数字化创业教育实践平台建设还需要注重平台的可持续性和创新性。可持续性体现在平台要能够长期、稳定地为学生提供实践机会和资源支持，不断创新服务模式，满足学生不断变化的需求。创新性则要求平台能够紧跟数字化时代的发展潮流，引入新的技术和理念，不断提升平台的竞争力和影响力。

为了实现这些目标，需要建立完善的管理机制和运营模式，确保平台的良性运转。同时，还需要加强与各方资源的沟通和合作，共同推动实践平台的发展。只有这样，才能真正发挥实践平台在数字化创业教育中的重要作用，培养出更多具有创新精神和实践能力的优秀创业人才。

五、构建数字化创业教育评价体系

在快速变化的数字化时代，创业教育已经成为教育体系中不可或缺的一部分。然而，如何科学、全面地评价创业教育的效果，一直是教育领域面临的挑战。为了应对这一挑战，需要构建一个数字化创业教育评价体系，以更加精准地评估创业教育的实际成效，并为其未来的改进提供有力的数据支撑。

数字化创业教育评价体系的构建，首先要基于明确、科学的评价标准。这些标准应该涵盖创业教育的各个方面，包括但不限于课程设置的合理性、教学方法的创新性、学生的参与度与满意度，以及创业教育对学生创业能力和创新精神的培养效果。通过制定这些细化的评价标准，能够更加全面地审视创业教育的全貌，找出其中的优点和不足。

在构建评价体系的过程中，数字化技术的应用发挥着关键作用。可以利用大数据和人工智能技术，对创业教育过程中的各种数据进行实时收集、整理和分析。这些数据不仅包括学生的学习成绩、参与度等基本信息，还可以包括学生的学习轨迹、兴趣偏好等更深层次的信息。通过对这些数据的深入挖掘，能够更准确地了解学生的学习需求和创业教育的实际效果，从而为教育决策者提供更有力的数据支持。

数字化创业教育评价体系还应该注重多元化和个性化的评价方式。创业教育不同于传统的学科教育，它更注重实践和创新能力的培养。因此，在评价过程中，应该采用多种评价方式，如项目评估、实践报告、创业计划等，以全面反映学生的创业能力和实践成果。同时，评价体系也应该尊重学生的个性差异，为每个学生提供个性化的评价方案，以激发他们的学习兴趣和创新精神。

除了上述方面，构建数字化创业教育评价体系还需要注意以下几点：一是要确保评价体系的客观性和公正性，避免主观因素和人为干扰；二是要注重评价体系的可操作性和实用性，确保评价结果能够为创业教育的改进提供具体指导；三是要不断更新和完善评价体系，以适应数字化时代创业教育的快速发展。在构建数字化创业教育评价体系的过程中，还需要广泛借鉴国内外的成功经验，结合自身的实际情况进行创新和发展。同时，也要积极与教育部门、企业和社会各界进行沟通和合作，共同推动数字化创业教育评价体系的建设和发展。

构建数字化创业教育评价体系是一个复杂而系统的工程，需要从多个方面入手，充分利用数字化技术的优势，制定科学的评价标准和方法，注重多元化和个性化的评价方式，确保评价体系的客观性、公正性和可操作性。只有这样，才能更准确地评估创业教育的实际效果，为其未来的改进提供有力的数据支撑，培养出更多具有创新精神和实践能力的优秀创业人才。

六、营造浓厚的数字化创业教育氛围

在数字化高速发展的今天，创业教育的重要性日益凸显。为了激发学生的创业激情，培养他们的创新思维和创业能力，营造浓厚的数字化创业教育氛围至关重要。这种氛围不仅能够为学生提供广阔的实践平台，还能为他们塑造正确的创业观念，为未来的创业之路奠定坚实的基础。

营造浓厚的数字化创业教育氛围，首先要从校园文化建设入手。学校可以通过举办创业讲座、创业大赛、创业实践等活动，让学生在亲身参与中感受创业的魅力和挑战。同时，学校还可以在校园内设立创业园区或孵化基地，为学生提供实际的创业环境和资源支持，让他们在实践中学习成长。

在数字化创业教育氛围的营造中，教师的角色也至关重要。教师应该积极引导学生关注创业领域，鼓励他们勇于尝试和创新。通过分享创业案例、讨论创业问题等方式，教师可以激发学生对创业的兴趣和热情。此外，教师还可以利用数字化技术，如虚拟现实、增强现实等，为学生打造沉浸式的创业教育体验，让他们在模拟的创业环境中锻炼自己的能力和技巧。

除了校园文化建设和教师引导外，学校还可以通过与企业、行业合作，共同营造数字化创业教育氛围。企业可以为学校提供实习机会、创业指导等资源，让学生在真实的市场环境中感受创业的艰辛与乐趣。同时，

企业还可以与学校共同举办创业项目路演、投资对接等活动，为学生提供展示自己才华的平台。

在数字化技术的支持下，还可以利用互联网平台来营造创业教育氛围。例如，可以创建创业教育相关的社交媒体群组或在线论坛，让学生、教师、企业家等各方人士在这些平台上交流经验、分享资源。这种跨时空的交流方式不仅能够拓宽学生的视野，还能为他们提供更多的学习和合作机会。

营造浓厚的数字化创业教育氛围还需要注重培养学生的团队合作精神和创新思维。学校可以通过组织团队项目、创新实验室等活动，让学生在团队合作中学会沟通、协调和解决问题。同时，学校还可以鼓励学生参加国内外的创业创新大赛，让他们在比赛中挑战自己、锻炼能力。在营造数字化创业教育氛围的过程中，还应该关注学生的心理健康和成长需求。创业之路充满挑战和不确定性，学生可能会面临各种压力和困惑。因此，学校应该提供心理辅导和职业规划等服务，帮助学生更好地应对创业过程中的种种困难。

营造浓厚的数字化创业教育氛围需要从多个方面入手，包括校园文化建设、教师引导、校企合作、互联网平台利用以及学生团队合作精神和创新思维的培养等。通过这些措施的实施，能够为学生打造一个充满机遇和挑战的创业环境，激发他们的创业激情和创新精神，为未来的创业之路做好充分的准备。

七、加强政策支持和资金投入

政策支持是数字化创业教育发展的有力保障。政府可以通过出台相关政策，明确数字化创业教育的地位和作用，为其发展提供有力的政策支持。例如，政府可以通过制定优惠政策，鼓励更多的教育机构和企业投身于数字化创业教育的事业中,推动相关课程和项目的开发与实施。同时,政府还可以加大对数字化创业教育的宣传力度,提高社会对这一教育模式的认知度和接受度。

资金投入则是数字化创业教育发展的关键因素。充足的资金可以为数字化创业教育提供必要的基础设施、教学资源和师资力量,从而保障其教育质量和效果[1]。政府可以通过设立专项资金、引导社会资本投入等方式,为数字化创业教育提供稳定的资金来源。此外,政府还可以鼓励企业、社会组织和个人等多元主体参与数字化创业教育的投资与建设,形成全社会共同参与的良好氛围。

加强政策支持和资金投入不仅有助于解决数字化创业教育当前面临的问题,还能为其未来的发展奠定坚实的基础。在政策的引导和资金的支持下,数字化创业教育可以不断完善教育体系、丰富教育内容、创新教育方式,从而更好地满足学生的个性化需求和社会的发展需要。同时,这也将进一步提升数字化创业教育的影响力和竞争力,使其在全球教育领域中占据一席之地。

数字化创业教育的发展对加强政策支持和资金投入有着迫切的需求。只有通过政策的引导和资金的支持,数字化创业教育才能充分发挥其优势,培养出更多的创新创业人才,为社会的进步和繁荣作出更大的贡献。因此,政府应该高度重视这一问题,积极推动相关政策和资金的落实,为数字化创业教育的发展创造更加有利的条件和环境。

八、推动国际合作与交流

数字化创业对推动国际合作与交流的作用首先体现在信息共享方面。

---

[1] 金顶:《新形势下大学体育教学改革存在的问题分析》,《花炮科技与市场》2020年第3期。

通过数字化平台，创业者们可以快速获取全球范围内的行业信息、市场动态，从而更加精准地把握商机。同时，他们也可以将自己的项目、产品、服务等信息发布到全球，吸引更多的潜在合作伙伴。这种信息的互通有无，极大地促进了国际的交流与合作。

1. 降低了国际合作与交流的成本

在传统的国际合作中，双方往往需要花费大量的时间和精力进行实地考察、商务谈判等。而数字化创业则通过线上平台，使得双方可以在任何时间、任何地点进行高效的沟通与交流。这不仅节省了交通、住宿等费用，还大大提高了合作效率。

2. 为国际合作与交流提供了更多的可能性

例如，通过虚拟现实、增强现实等技术，创业者们可以在线上模拟真实场景，为合作伙伴提供更加直观、生动的展示。这种新颖的交流方式，不仅增强了双方之间的互动体验，还有助于加深彼此之间的了解与信任。

3. 促进了国际人才的流动与配置

在全球化的背景下，越来越多的创业者开始跨国发展，寻求更广阔的市场和更多的资源。数字化平台为他们提供了一个展示自己才华的舞台，使得他们能够更加便捷地找到志同道合的合作伙伴，共同开展跨国项目。这种人才的跨国流动，不仅有助于提升各国的创新能力，还推动了国际经济的繁荣发展。

4. 在推动国际文化交流方面发挥着重要作用

创业者们通过数字化平台，可以将本国的文化、艺术、民俗等特色展示给全世界的观众。这不仅有助于增进各国人民之间的了解，还促进了世界文化的多样性与繁荣。

数字化创业在推动国际合作与交流方面发挥着举足轻重的作用。它通过信息共享、降低成本、提供新可能以及促进人才流动和文化交流等多种方式，为全球范围内的创业者们搭建了一个更加便捷、高效的合作平台。随着数字化技术的不断发展和完善，有理由相信，数字化创业未来将在推动国际合作与交流中发挥更加重要的作用。

第三节 数字化创业教育的未来展望

随着科技的飞速发展和数字化时代的深入推进，数字化创业教育正迎来前所未有的发展机遇。站在这个历史的交汇点上，有必要对数字化创业教育的未来进行一番深入的展望，探寻其可能的发展趋势和潜在影响。

一、技术融合与创新

技术融合为创业教育注入了新的活力。传统的创业教育受限于时间、空间和教育资源，而数字化技术的引入打破了这些限制。如今，虚拟现实、增强现实、大数据、云计算等先进技术正在与创业教育深度融合。这种融合使创业教育不再局限于传统的课堂讲授，而是可以通过模拟真实的创业环境，让学生在虚拟空间中进行实践操作，从而更直观地理解创业的各个环节。

1. 推动了创业教育的个性化发展

每个学生都有其独特的学习方式和兴趣点，数字化技术能够通过对学生的学习数据进行分析，为每个学生量身定制个性化的学习计划。例如，利用大数据分析，教师可以根据学生的学习进度和反馈，调整教学内容和难度，确保每个学生都能在适合自己的节奏中学习。这种个性化的教学方式，不仅提高了学生的学习兴趣和效率，还有助于培养学生的自主学习能力和创新思维。

2. 促进教育资源的优化配置

在传统的创业教育模式中，优质教育资源往往集中在少数学校或地区。而数字化技术可以打破地域限制，让优质教育资源通过网络平台实现共享。这不仅让更多的学生有机会接触到高质量的创业教育，还有助于缩小教育资源的地域差距，推动教育的均衡发展。

3. 推动教育评价体系的改革

传统的以考试成绩为唯一评价标准的方式已经无法满足现代创业教育的需求。数字化技术可以记录学生的学习过程、实践操作和团队协作等多方面的数据，为教师提供更全面、更客观的评价依据。这将有助于建立更加科学、多元的教育评价体系，更准确地反映学生的综合素质和能力。

数字化创业教育技术的融合与创新也面临着一些挑战，如数据安全、技术更新速度以及教师技术培训等问题。但这些挑战并不妨碍人们看到其带来的巨大潜力和机遇。只要不断探索、勇于创新，相信数字化创业教育技术必将为未来的创业教育发展开辟新的道路。

数字化创业教育技术的融合与创新对未来的发展具有深远影响。它不仅将改变传统的教育方式和教育理念，还将为创业教育提供更广阔的发展空间。有理由相信，在技术的推动下，未来的创业教育将更加个性化、高效化和全球化，为培养出更多具有创新创业精神的人才奠定坚实基础。

二、跨界合作与资源共享

数字化创业教育的跨界合作，打破了传统行业的界限，实现了教育、科技、商业等多个领域的深度融合。这种合作方式将不同领域的知识、技能和资源进行有效整合，为创业教育注入了新的活力。未来，随着跨界合作的不断深入，有理由相信，创业教育将焕发出更加夺目的光彩。

资源共享是数字化创业教育的另一大特色。在数字化平台上，优质的教育资源得以广泛传播和高效利用，这不仅提高了教育资源的利用效率，还极大地降低了教育成本。对于创业教育而言，资源共享意味着更多的创业者能够接触到先进的教育理念、实用的创业技巧和丰富的市场经验。这将极大地提升创业者的整体素质，为他们的创业之路铺设坚实的基石。

数字化创业教育跨界合作与资源共享对未来发展的推动作用，还体现在它对于创新创业文化的培育上。跨界合作促进了不同领域文化的交流与融合，这种交融有助于激发人们的创新意识和创业热情。而资源共享则让更多的人有机会亲身参与到创新创业的实践中来，从而在实践中不断磨砺自己，提升自己的能力。

数字化创业教育的跨界合作与资源共享还将对教育模式产生深远影响。传统的教育模式往往侧重于知识的传授，而忽视了对学生实践能力和创新思维的培养。然而，在数字化创业教育的推动下，现有教育模式将逐渐向更加注重实践和创新的方向转变。通过跨界合作，教育机构可以引入更多元化的教学方法和更实用的教学内容，从而更好地满足学生的个性化需求，提升他们的综合素质。

同时，数字化创业教育跨界合作与资源共享所带来的挑战。例如，如何确保资源共享的公平性、如何保护知识产权、如何建立有效的合作机制等问题都需要深入思考和解决。但正是这些挑战，也为数字化创业教育提供了更多的发展机遇和创新空间。

数字化创业教育跨界合作与资源共享对未来的发展具有不可估量的价值。它将推动创业教育模式的创新，提升创业者的整体素质，培育创新创业文化，为社会的进步和发展注入新的活力。有理由期待，在数字化创业教育的引领下，未来的创业教育将更加丰富多彩、更具实效性，为社会的繁荣和进步贡献更大的力量。

三、培养创新创业精神

创新创业精神的培养，有助于学生形成独立思考和解决问题的能力。在数字化创业教育的熏陶下，学生们会学会如何从不同角度审视问题，如何运用所学知识解决实际问题。这种能力，让他们在未来无论选择创业还是就业，都将成为他们宝贵的财富。

数字化创业教育所培养的创新创业精神，还将激发学生的创造力和想象力。在创业的道路上，没有固定的模式和路径可走，每一个成功的创业者都需要具备开拓创新的能力。数字化创业教育正是通过引导学生参与各种创新项目和实践活动，让他们在尝试和探索中不断成长，逐渐形成一种敢于挑战传统、勇于创新的思维方式。这种创新创业精神，对于整个社会的未来发展同样具有重要意义。随着科技的不断进步和全球化的深入发展，未来的竞争将更加激烈。只有那些具备创新创业精神的人才，才能在激烈的竞争中脱颖而出，为社会的进步和发展作出贡献。而数字化创业教育，正是培养这类人才的重要途径。

数字化创业教育还能帮助学生建立起良好的团队合作精神和领导能力。在创业过程中，团队合作是必不可少的。通过数字化创业教育，学生们可以学会如何与他人有效沟通、如何协调团队内部的矛盾和问题、如何带领团队共同完成任务。这些能力，在未来的工作和生活中都将发挥重要作用。

数字化创业教育培养的创新创业精神对未来发展的影响还远不止于此。它还将推动教育模式的创新、促进教育资源的优化配置、提高教育质量等。可以说，数字化创业教育不仅是一种教育模式，更是一种推动社会进步和发展的重要力量。

数字化创业教育培养创新创业精神对未来的发展具有深远影响。它不仅将塑造一代又一代具备创新精神和实践能力的青年才俊，还将为社会的进步和发展注入源源不断的动力。因此，应该更加重视数字化创业教育的发展，为培养更多具备创新创业精神的人才贡献力量。

四、完善创业教育体系

完善创业教育体系，首先需要构建一套系统、全面的课程体系。数字化创业教育通过整合各类优质资源，能够为学生提供从创业理论到实践操作的全方位课程。这些课程不仅涵盖了创业的基础知识，还包括市场分析、商业模式设计、团队管理等实战技能，帮助学生构建起完整的创业知识体系。

完善创业教育体系还需要建立一支高素质的教师队伍。数字化创业教育平台可以吸引众多有实战经验的企业家、投资人等作为导师，为学生提供真实的创业经验和指导。同时，通过线上线下的互动交流，学生可以及时获得反馈，调整自己的创业策略和方向。在完善创业教育体系的过程中，数字化创业教育还提供了强大的数据分析支持。通过对学生的学习行为、成绩等数据进行深度挖掘和分析，教师可以更准确地了解学生的学习需求和问题所在[1]，从而进行针对性的教学和辅导。这种精准化的教学方式，不仅提升了教学效果，还有助于培养学生的自主学习和终身学习能力。数字化创业教育完善创业教育体系，对未来的影响是全方位的。首先，它将极大地提升创业教育的整体质量，培养出更多具备创新精神和实践能力的创业者。这些创业者将成为推动社会进步和经济发展的重要力量，带动就业、创造财富。

数字化创业教育有助于构建更加开放、包容的教育生态。通过与各类教育机构、企业等合作，数字化创业教育可以推动教育资源的共享和优化

---

[1] 陈宝财：《大数据时代语文教育创新摭探》，《成才之路》2022年第24期。

配置，促进教育公平和普及。这将为更多人提供接受创业教育的机会，激发他们的创新潜能和创业热情。数字化创业教育还将推动相关产业的发展和创新。随着越来越多的创业者涌现出来，他们将不断开发出新的产品和服务，满足市场的需求。这将带动相关产业链的发展，形成良性循环，推动经济的持续增长和社会的全面进步。

数字化创业教育在完善创业教育体系方面发挥着举足轻重的作用。它不仅提高了创业教育的质量和效率，还为未来的教育发展和社会进步奠定了坚实的基础。有理由相信，在数字化创业教育的推动下，未来的创业教育将更加完善、更加高效，为培养出更多优秀的创业者做出更大的贡献。

五、推动社会创新创业氛围

数字化创业教育通过高效、便捷的网络平台，打破了地域、时间和资源的限制，使创业知识和经验得以广泛传播。这种教育模式为那些怀揣创业梦想的人们提供了宝贵的学习机会，激发了他们的创新创业热情。当越来越多的人通过数字化创业教育获得创业的能力和信心时，整个社会的创新创业氛围自然而然地得到了提升。

这种氛围的提升，首先表现在人们对创业的认知更加深入和全面。数字化创业教育不仅仅是传授创业知识和技能，更重要的是它传递了一种勇于尝试、不断创新的精神。在这种精神的熏陶下，人们开始更加理性地看待创业的风险和机遇，愿意为追求自己的梦想而付出努力。数字化创业教育也推动了社会资源的优化配置。在传统的创业环境中，资源和机会往往集中在少数人手中，而数字化创业教育则打破了这种壁垒。通过网络平台，创业者可以更容易地找到合作伙伴、投资人和市场机会，从而实现资源的有效对接和利用。这不仅提高了创业的成功率，也促进了社会的公平与正义。

数字化创业教育还在培养一种开放、包容的创新创业文化。在这种文化中，失败不再是被嘲笑和排斥的对象，而是被视为通往成功的必经之路。这种对失败的包容态度，极大地减轻了创业者的心理压力，让他们更加勇敢地面对挑战和困难。同时，这种文化也鼓励人们相互学习、共同进步，形成了一种积极向上的社会氛围。对于未来的发展而言，数字化创业教育推动的社会创新创业氛围将产生更加深远的影响。随着技术的不断进步和创业教育的日益普及，可以预见到一个更加充满活力和创造力的社会正在悄然形成。在这个社会中，创新创业将成为推动经济发展的重要引擎，为人们创造更多的就业机会和财富。这种创新创业氛围也将对社会的文化、教育和科技等多个领域产生积极的推动作用。在文化方面，创新创业将促进不同思想和文化的交流与融合，推动社会的多元化发展。在教育方面，数字化创业教育将进一步推动教育模式的创新和改革，培养出更多具有创新精神和实践能力的人才。在科技方面，创新创业将推动科技的进步和应用，为社会的可持续发展注入新的动力。

数字化创业教育推动的社会创新创业氛围对未来的发展具有不可估量的价值。它将激发人们的创新创业热情，优化社会资源的配置，培养一种积极向上的社会文化，为社会的进步和发展注入新的活力。因此，社会应该更加重视数字化创业教育的发展，为推动社会的创新创业氛围做出更大的贡献。

数字化创业教育的未来发展充满了无限的可能性和机遇。在技术融合与创新、跨界合作与资源共享、培养创新创业精神、完善创业教育体系以及推动社会创新创业氛围等方面，数字化创业教育都将发挥重要作用。期待着数字化创业教育在未来的发展中取得更加辉煌的成就，为社会的进步和繁荣做出更大的贡献。

参考文献

[1] 张静晓，徐琳，余东升．数字化时代工程教育领域语言景观的嬗变［J］．工程管理学报，2023，37（4）：152-158．

[2] 王峰．"互联网+"背景下环境艺术设计专业基础绘画课程实践教学改革研究［J］．美术教育研究，2021（4）：126-127．

[3] 王安荣．乡村振兴视域下农村老年教育发展研究［J］．山东开放大学学报，2022（2）：16-19．

[4] 冯仁晓．"互联网+"下幼儿家庭教育与传统教育的有效融合［J］．当代家庭教育，2023（15）：46-48．

[5] 余成苗．新媒体在线教育平台在大学思政教育中的应用与探索［J］．新闻研究导刊，2023，14（9）：162-165．

[6] 褚建伟．高职院校院系二级管理问题归因与对策研究［J］．中国培训，2019（8）：24-27．

[7] 徐楠．新媒体环境下在校大学生广告作品著作权保护［J］．新闻研究导刊，2019，10（7）：11-12，14．

[8] 董鹏，顾亦然．教育信息化背景下的教师发展路径研究［J］．经济研究导刊，2019（19）：155-157．

[9] 黄志慧．大数据分析在评估和改进高中信息技术课程设计与实施中的作用［J］．高考，2023（13）：109-111．

[10] 张武文，关玉蓉．教育数字化转型背景下高中信息技术课程个性化学习路径探究［J］．中国信息技术教育，2023（14）：82-85．

[11] 陈睿炜，朱恩旭．智慧树理念下基于翻转课堂的混合——以《汽车电工电子技术》课程为例［J］．信息系统工程，2021（4）：175-176．

[12] 汪文娟．关于如何使用课本插画开展小学语文教学的思考［J］．当代家庭教育，2023（15）：214-216．

[13] 王正青，阿衣布恩·别尔力克．ChatGPT升级：GPT-4应用于未来大学教学的可能价值与陷阱［J］．现代远距离教育，2023（3）：3-11．

[14] 徐馨．基于"三全育人"理念的高职院校网络育人现状及措施［J］．就业与保障，2023（7）：139-141．

[15] 薛梅，王彤梅．浅析高校教师提升信息化教学能力的策略［J］．山西广播电视大学学报，2022，27（3）：20-23．

[16] 刘静波．"互联网+"背景下大学生创新创业能力培养策略研究［J］．四川劳动保障，2023（4）：50-51．

[17] 韩建平．探究生活化教学法在小学道德与法治教学中的应用［J］．当代家庭教育，2023（15）：224-226．

[18] 张泽龙．基于STEM理念的高中数学教学实践探究［J］．高考，2022（33）：126-128．

[19] 纪丹．人工智能视域下终身教育网络"金课"建设［J］．电大理工，2023（2）：62-65．

[20] 曾智良，高玉鸿．基于实践化知识融合的课程改革研究［J］．装备制造技术，2019（2）：220-223．

[21] 赵卓，田侃，吴涛．新一代人工智能技术对博物馆工作的启示与思考［J］．博物院，2023（3）：37-42．

[22] 倪燕．基于SCP范式的高校图书馆创客空间建设研究［J］．大学图书情报学刊，2019，37（5）：53-56．

[23] 崔鹏，江寅昌，王慧玲．就业创业导向背景下高校学生管理工作探

究［J］．现代职业教育，2023（23）：161-164．

［24］安美忱．高校创新创业教育"立体化"新模式研究［J］．黑龙江高教研究，2020，38（10）：108-113．

［25］王倩．艺术类大学生参与创新创业的路径探讨［J］．创新创业理论研究与实践，2019，2（14）：194-195．

［26］王惠．基于教育云平台的高职计算机专业信息化教学改革研究［J］．青岛职业技术学院学报，2019，32（2）：53-57．

［27］彭钢．高质量发展背景下的课程与教学改革［J］．江苏教育，2023（18）：28-31．

［28］曹务芳．教育信息化时代2.0优化教师专业成长发展［J］．现代职业教育，2020（20）：160-161．

［29］万军，屈霞．面向创新能力培养的"城市轨道交通综合监控"课程教学改革［J］．科技风，2022（33）：131-133．

［30］龚朝晖．信息技术支持下的英语混合式课堂教学模式探究［J］．新西部，2019（29）：158-159．

［31］屠淑敏．"十四五"时期我国公共图书馆发展环境分析和战略思考［J］．国家图书馆学刊，2021，30（2）：3-12．

［32］刘宁．大学生创新创业教育现状及创业意识的培养途径［J］．黑龙江科学，2020，11（9）：72-73．

［33］周屹，詹晓娟，吕松涛，等．大学生创新创业能力培养的实践研究［J］．黑龙江工程学院学报，2019，33（2）：65-67．

［34］侯砚凯．基于创新角度的小学体育教学方法探究［J］．考试周刊，2023（33）：98-101．

［35］朱若颖．角色扮演——英语课堂中的模拟人生——以译林版英语三年级上册为例［J］．小学教学研究，2020（31）：91-93．

[36] 叶廷华. 立足实践体验，优化课堂教学——小学道德与法治体验式教学策略探究［J］. 新教师，2023（7）：56-57.

[37] 游颖慧. 巧用极简促教学——以人人通空间平台在教学中的应用为例［J］. 中学课程辅导，2023（22）：96-98.

[38] 于浩，郭赟赟. ChatGPT赋能教育教学：价值意蕴、现实困境及消解路径［J］. 现代中小学教育，2023，39（7）：11-16.

[39] 杨文兰. 提升薄弱学校学生高中物理自主探究能力的有效策略探究——以机械能守恒定律为例［J］. 考试周刊，2023（30）：100-105.

[40] 师莹. 语块理论促进科技英语翻译教学的行动研究［J］. 高教学刊，2019（6）：119-121.

[41] 王庭如. 问题导向的视觉传达专业毕业设计教学改革思路［J］. 百科知识，2023（27）：83-85.

[42] 彭华涛，吴嘉雯，刘勤. 数字赋能视角的全周期创业教育模式与路径研究［J］. 高等工程教育研究，2023（4）：176-182.

[43] 殷桥. 基于"项目+竞赛"双驱动的创新创业课程教学改革与实践［J］. 科技风，2023（27）：108-110.

[44] 张健丽. 专业群视角下汽车专业创新创业教育的实践研究［J］. 产业创新研究，2023（15）：190-192.

[45] 李燕娜，陈世荣. 高校创新创业教育师资队伍结构优化路径［J］. 现代职业教育，2020（32）：102-103.

[46] 丁剑. "1+X"证书制度与会计专业人才培养模式融合研究［J］. 营销界，2023（12）：131-133.

[47] 李健. 农村初中英语教学中翻转课堂的实践研究［J］. 学周刊，2022（17）：97-99.

[48] 李超锋. 数字化赋能智慧物流岗位变迁及其人才培养思考［J］. 广东

轻工职业技术学院学报，2023，22（4）：51-55.

[49] 金顶. 新形势下大学体育教学改革存在的问题分析［J］. 花炮科技与市场，2020（3）：53.

[50] 陈宝财. 大数据时代语文教育创新摭探［J］. 成才之路，2022（24）：81-84.